W0461134

Inhalt

High Carb Abnehmen mit Reis. Inkl. 60 Reisrezepte mit wenig Kalorien um lecker abzunehmen. Nach dem HCLF Prinzip. Die perfekte Reisdiät mit gesunden Gerichten zum Abnehmen und dauerhaft schlank zu bleiben. Leckere Rezepte für die ganze Familie.

Tatjana W. Dobi

Abnehmen mit der Reisdiät

Vorwort

Stars und Sternchen zeigen immer wieder ihre tollen Körper in Hochglanzmagazinen und gaukeln den „normalen“ Menschen vor, dass aus ihnen nur etwas werden kann, wenn der wabbelige Bauch verschwindet und sie sich nicht mehr hinter einem Doppelkinn verstecken müssen. Das jedoch ist sehr realitätsfremd. Sicher ist es für den eigenen Körper gut, wenn Sie ein paar Kilos abnehmen. Dazu kann beispielsweise die Reisdiät genutzt werden.

Reis hat die tolle Eigenschaft, er kann Wasser binden. Nicht ohne Grund stellen manche Menschen über Nacht eine Schale Reis ins Auto, um im Winter die Feuchtigkeit im Innenraum loszuwerden. Auch die Reiskörner im Salzstreuer sind bereits ein alter Hut.
Das gleiche geschieht, wenn Sie Reis essen. Dem Körper wird Wasser entzogen und Sie nehmen automatisch ab. Dem Organismus lässt sich in kürzester Zeit recht viel Flüssigkeit abnehmen, daher werden Sie dies recht schnell auf der Waage zu sehen bekommen. Eins sollten Sie jedoch immer im Hinterkopf behalten, es handelt sich dabei zunächst nur um Wasser, welches Ihren Zellen verlässt. Wird die Reisdiät nach kurzer Zeit beendet und der Alltag schleicht sich wieder ein, kehrt natürlich auch die Flüssigkeit zurück.

Wird die Reisdiät über eine längere Zeit eingehalten, werden auch Fettpölsterchen angegriffen. Hier setzt nun auch eine dauerhafte Gewichtsreduktion ein.
Wenn Sie sich die Rezepte der Reisdiät ansehen, bestehen diese nicht nur aus Reis, sondern er wird mit fettarmen Lebensmitteln wie beispielsweise Obst, Gemüse, Fisch und Fleisch kombiniert. Daher dürfen Sie auch ruhig mal in ein Restaurant gehen, da einige Speisen auch dort zu dieser Diät passen. Als kleiner Tipp, oft können Sie sich Reis anstatt Bratkartoffeln etc. wünschen. Viele Restaurants gehen darauf ein. Positiv daran ist, dass der Reis meist vorgegart ist, warum das sehr gut ist, erkläre ich ihnen in einem anderen Kapitel. Wenn es dann als Ausnahme mal den weißen Reis gibt, ist das gar nicht schlimm. Tun Sie sich hier und da etwas Gutes und belohnen Sie sich.
Guten Appetit.

1. Woher kommt die Reisdiät?

Reis ist eines der Grundnahrungsmittel, welche der Menschheit seit langem zur Verfügung steht. Mehr als die Hälfte aller Menschen ernährt sich von dieser Pflanze. Bei Reis handelt es sich um Körner aus Getreide, die einen großen Anteil an

- Mineralstoffe
- Ballaststoffe
- Wasser
- Eiweiß

besitzen. Hinzu kommt, dass er kaum Fett beinhaltet. Daher eignet er sich auch perfekt für eine wohl überlegte Diät in der es zu keinen Mangelerscheinungen kommen soll.

Dies ist jedoch keine Erkenntnis, die uns eine Neuheit bietet. Bereits im Jahre 1930 erkannte Doktor Walter Kemper, dass Reis entwässernd wirkt. Er nutzte den Reis nicht nur um Menschen bei der Gewichtsreduktion zu helfen, sondern stellte auch sehr gute Ergebnisse bei Personen mit Diabetes, oder Bluthochdruck fest. Schließlich hat das Herz beispielsweise nach einer Entwässerung wesentlich weniger Arbeit und muss somit weniger Blut durch die Adern pumpen.
Seither kommen immer mal wieder neue Reisdiäten auf den Markt, jedoch ähneln sie dem Original nur und bewirken bei Weitem nicht so viel. Wenn Sie also eine Reisdiät anstreben, sollten Sie dies nach dem Vorbild von Walter Kemper tun.

Was diese Reisdiät wirklich so attraktiv macht, sind die vielen Kombinationsmöglichkeiten. Er kann genauso gut mit süßem Obst, als auch herzhaftem Gemüse, oder sogar Fisch und Geflügel zusammen gegessen werden. Dies ist jedoch auch nötig, da Dr. Kemper mit seiner Diät vorsieht, dass es drei Mahlzeiten täglich geben soll. Sie müssen also nicht mal auf etwas Süßes in Form von Obst und gleichzeitig sättigendes in Form von Reis verzichten.

Wussten Sie eigentlich, dass es sich bei Reis um die Getreideart handelt, die am wenigstens Kohlenhydrate beinhaltet? Selbst 100 Gramm vom weißen Reis beinhalten nur 27 Gramm Kohlehydrate. Anderer Getreide muss hier bereits mit 80 Gramm ausgewiesen werden.
Um noch besser dazustehen sollte jedoch nicht der weiße Reis, sondern vielmehr Wildreis, oder Vollkornreis genutzt werden. Durch die Entwässerung wird nicht nur das Gewicht auf natürliche Weise gesenkt, sondern auch sofort der Blutdruck gesenkt.

2. Durchführung der Reisdiät

Jeder Mensch ist ein Individuum und verhält sich auch so. Dies sehen Sie nicht nur um Alltag, sondern auch immer wieder an den Wünschen, welche sie mit einer Diät verbinden. Die einen möchten ihre Ernährung komplett umstellen, während die anderen schnell und unkompliziert ein paar Pfunde purzeln sehen wollen.

Das es nun mal gesünder ist, langsam das Gewicht zu reduzieren, dürfte Sie jetzt nicht sonderlich schockieren. Da aber beide Varianten ihre Abnehmer finden, gibt es diese auch bei der Reisdiät.
Wenn Sie längerfristig abnehmen möchten, sollten Sie die Reisdiät mit verschiedenen Phasen nutzen.

Bei der ersten Phase handelt es sich sozusagen um die Entgiftung des eigenen Körpers. Dabei wird sehr streng auf Salz verzichtet und nur Reis zu sich genommen. Diese Prozedur dauert circa eine Woche an.
Diese Zeit ist für viele eine Qual, daher gibt es hierbei auch einen Tag, an dem Sie nur Obst essen dürfen. Das wird Ihnen gut tun und die quälende Restzeit erträglich machen. Wann in der Woche dieser Obsttag gesetzt wird, bleibt Ihnen überlassen, ratsam ist jedoch nach der Hälfte der Zeit, oder nach 2/3. Auf diese Weise ist es nicht mehr so schwer die paar letzten Tage zu überstehen.

Die zweite Phase ist dann schon bedeutend einfacher. Der erste Tag wird mit Reis und Obst verbracht, der letzte hingegen sogar mir Fisch, Fleisch und Eiern, die sich zum Reis gesellen dürfen. In den 5 übrigen Tagen dürfen Sie dem Reis alle Produkte aus Magermilch und sämtlichen Gemüsearten hinzufügen. Nach Vollendung dieser Woche ist dann auch schon die halbe Zeit um und somit der Blick auf die zweite Hälfte gar nicht mehr so schlimm wie am Anfang. Die zweite Woche erscheint auch nach der ersten Phase wie eine Befreiung. Körper, Seele und Geist fühlen sich erheblich wohler. Der Körper erhält vom Gehirn weitere Glückshormone, was Sie direkt an Ihrem Gemüt feststellen werden.

Nun werden dem Körper Fett und Kalorien zurückgegeben. Wenn auch nur in Maßen, aber auch Salz, darf den Speisen wieder zugefügt werden. Was gemieden werden sollte ist Geräuchertes und auch gepökeltes Fleisch. Dies enthält einfach viel zu viel Salz und würde den eigenen Körper wieder an den Anfang stellen.

Für die drei täglichen Mahlzeiten bleiben zusammen 1000 Kalorien übrig. Das mag erst einmal wenig erscheinen, mit den richtigen Rezepten können Sie sich jedoch sehr gut satt essen. Das A und O einer Diät ist es satt zu sein. Wer Hunger entwickelt, wird als nächste Stufe in den Heißhunger verfallen und das ist absolut kontraproduktiv.

Wenn Sie sich nun nach dem Monat wiegen, dann werden Sie je nach dem wie Ihr Ausgangsgewicht war, bis zu 8 Kilogramm verloren haben. Dabei sollten Sie jedoch immer beachten, dass dieses verlorene Gewicht bei einer 4 Wochen Diät fast nur Flüssigkeit sein kann.

3. Zubereitung

Der Reis soll während Ihrer Diät ja entwässernd wirken. Daher müssen Sie sich von Anfang an, an strikte Regeln halten. Das bedeutet unter anderem, dass der Reis nicht mit Salz gekocht werden darf. Es soll jedoch nicht nur schlechte Nachrichten geben, sondern auch die guten. Sie dürfen Gewürze wie Kräuter nutzen, um den Reis geschmacklich für Sie auf ein gutes Niveau anzuheben. Wem nach etwas Süßem ist, der kann Obst, aber auch Gemüse in den Reis mischen. Viele nutzen Apfelmus ohne Zucker und natürlich selbst hergestellt. Sie sollten das probieren, ist geschmacklich gar nicht zu verachten. Wenn Sie den Reis nicht mehr sehen können, kochen Sie ihn doch mal in einer Brühe, die ohne Salz auskommt. Es wird Ihnen helfen, diese Diät durchhalten zu können.
Obst und Gemüse sollte möglichst mit Schale genutzt werden. Auf diese Weise erhalten Sie auch noch die notwendigen Vitamine, die Sie für sich und Ihrem Körper benötigen.

Einige nutzen für das Kochen des Reis 1 – 2 Löffel Olivenöl, wenn Sie darauf verzichten können ist es gut, wenn nicht, wird es Ihrer Diät nicht sehr viel Schaden zufügen. Um dem Reis ein angenehmes Aroma zu geben können Sie beispielsweise ein wenig Kurkuma, oder auch Ingwer mit im Wasser kochen lassen.

Das Grundrezept vom Reis kennen Sie sicher schon. Brauner Reis kocht wesentlich länger als normaler Reis, ist aber auch gesünder. Den gekochten Reis können Sie dann beispielsweise in einer selbst hergestellten Tomatensuppe essen, dass ist gerade für die Menschen etwas, die es gerne herzhaft mögen. Es gibt viele Möglichkeiten, sich die Reisdiät besser zu gestalten. Warum denn nicht mal Sushi essen? Mit Nori Algen und Fisch stellt es eine sehr gute Abwechslung dar. In das Sushi dürfen auch getrocknete

- Tomaten
- Oliven
- Auberginen

eingearbeitet werden. Auf diese Weise ist das Geschmackserlebnis und die Varianten fast unendlich. Schon mal süßes Sushi probiert? Es muss nicht immer Fisch mit im Sushi sein, wie wäre es mal mit einem Streifen Apfel, oder Birne? Probieren Sie alles aus, Sie werden viele Möglichkeiten finden, um satt und vor allem zufrieden zu werden.

4. Rezeptideen

Es gibt viele Rezepte, die Ihnen zeigen werden, dass Sie eine große Menge essen können, ohne dabei großartige Kalorien zu sich zu nehmen. Außerdem ist eine Diät immer etwas einfacher, wenn Sie über schmackhafte Rezepte verfügen.

Reissalat exotischer Art

Zutaten für eine Portion

50g Wildreis
180g frische Ananas
½ Paprika
½ Zwiebel
Chilischoten nach Bedarf
1 Tl Limettensaft
etwas Koriander
½ Fettarmer Joghurt
Pfeffer
50 g frischer Spinat

Zubereitung

Den Reis wie auf der Packung beschrieben kochen. Hierbei Salz und Fett weglassen. Danach werden die Ananas und Paprika in Würfel geschnitten. Die Chili sollten Sie entkernen, bevor auch diese wie die Zwiebeln in feine Streifen zerteilt und in eine Schüssel mit dem anderen Gemüse gegeben werden. Limetten Saft und etwas Abrieb ebenfalls hinzufügen.

Nun den Joghurt unterrühren und mit Pfeffer und anderen Gewürzen nach Wahl abschmecken. Der Reis kann nun abgegossen und mit den anderen Zutaten vermengt werden.

Sie können bei dieser Portion von

320 kcal
8 g Eiweiß
7 g Fett
50 g Kohlenhydraten

ausgehen. Es ist immer sehr gut sich diese Nährwertangaben klar zu machen. Es handelt sich um eine vollwertige Mahlzeit. Gehen Sie also von drei Mahlzeiten am Tag aus, passt dieser Salat sehr gut in Ihren Plan. Gerade im Sommer wird Ihnen dieses leichte Rezept sehr gut tun.
Es gibt sehr viele unterschiedliche Rezepte, vielleicht passt auch der Thai Reis besser zu Ihnen. Er beinhaltet sehr viel Gemüse und wird mit Currypaste verfeinert.
Wer weniger leichtes Essen mag, kann Reis mit Bohnen und Geflügel essen. Es gibt so viele unterschiedliche Rezepturen, dass es Ihnen sicher nicht langweilig wird. Sie haben hier die Wahl sich durchaus sehr ausgewogen zu ernähren, nachdem Sie die erste Woche hinter sich gebracht haben.

5. Vor- und Nachteile der Reisdiät

Es gibt viele Vorteile für die Reisdiät, Reis ist schließlich ein mehr als nur bekömmliches Lebensmittel. Dabei ist gerade der Grad der Sättigung sehr wichtig. Oft sind es gerade Heißhungerattacken, welche eine Diät ins Straucheln bringt. Da Sie bei dieser Diät jedoch keinen Hunger leiden müssen, entfällt dieses Risiko fast gänzlich. Weder der Reis, noch die erlaubten Nahrungsmittel beinhalten sehr viel Fett, daher kommt es schon nach kurzer Zeit zum Verlust der ersten Kilos. Ein weiterer Vorteil ist, Reis kostet nicht sehr viel und auch bei Obst und Gemüse lassen sich je nach Saison gewisse Schnäppchen machen.

Reis können Sie vorkochen, so minimiert sich Ihre Zeit in der Küche, was nicht nur für einen straff geplanten Alltag sehr positiv ist, sondern auch dass Sie die Küche, in der sicherlich einige Leckereien warten, schnell wieder verlassen können. Kurzum, die Reisdiät lässt sich sehr leicht durchführen und ist auch einfach durchzuhalten, da es viele tolle Gerichte zum selber kochen gibt.

Der Körper entschlackt gerade bei der ersten Woche der Reisdiät und Sie werden sich wesentlich fitter und aktiver fühlen.

Doch wo Licht ist, da ist auch oftmals eine Schattenseite. Diese hängt bei der Reisdiät laut den Kritikern an der Einseitigkeit. Das Übergewicht kommt meist durch einseitige Ernährung wie Fastfood. Nur Reis zu essen, könnte das ein oder andere Problem mit sich bringen können. Unter anderem kann es zu Mineralstoffmangel kommen, der jedoch, wenn genügend Obst und Gemüse gegessen, auch ausgeglichen wird.

Grundsätzlich wird die Reisdiät jedoch nicht dazu dienen Fehler in Ihrer Ernährung zu verbessern, sondern lediglich dafür sorgen, dass ein paar Pfunde purzeln.

Ein weiterer Nachteil ist es, dass die Diät nur einen Monat genutzt werden sollte, über längere Zeit ist dies nicht ratsam. Wer sich über diesen Rat hinwegsetzen möchte, der muss auf jedem Fall dafür sorgen, dass er den Reis immer wieder mit anderen Dingen kombiniert. Mal nur Gemüse, mal Fisch, mal Fleisch und mal alles durcheinander. Der Körper braucht unterschiedliche Stoffe um Funktionieren zu können.

6. Nebenwirkungen der Reisdiät

Es gibt folgende Nebenwirkungen, die bei einer Reisdiät auftreten können:

Eventueller Nährstoffmangel
Eiweißmangel begünstigt Muskelabbau
Wenig Kalorien führen zu Heißhunger
Frustration durch eintönigen Speiseplan

Damit diese Nebenwirkungen nicht auftreten, müssen Sie sich und Ihrem Körper den Gefallen tun und die Diät so ausgewogen wie möglich zu gestalten. Natürlich werden Sie sagen, dass Reis ja nun mal der Hauptdarsteller ist, das ist schon wahr, dass bedeutet jedoch nicht, dass Sie alles andere nicht mehr zu sich nehmen dürfen. Immer wieder sollten sowohl Obst als auch Gemüsesorten mit auf dem Speiseplan stehen. Integrieren Sie Gewürze und lernen Sie mit Kräutern zu kochen.
Wenn Sie gleichzeitig an Muskelmasse zunehmen möchten, müssen Sie eventuell auf Nahrungsergänzungsmittel zurückgreifen, damit Ihrem Körper genügend Eiweiße und Proteine zur Verfügung stehen.

Hören Sie auf Ihren Körper, er sagt Ihnen was genau er benötigt und wo Defizite zu finden sind. Er lässt Sie erst nur ganz sachte später aber auch sehr bestimmt merken, ob Sie an Mangelerscheinungen leiden, oder nicht. Wenn Sie lernen ein und dieselbe Sprache wie Ihr Organismus zu sprechen, können Sie mit dieser Diät nicht verlieren, sondern nur gewinnen.

7. Entschlackung und Entgiftung

Die Reiskur eignet sich jedoch nicht nur um schnell etwas Gewicht zu reduzieren, sondern auch zum Entgiften und Entschlacken. Bereits im alten China wurde dieser Weg beschritten, um sich von Giften aus dem alltäglichen Leben zu befreien. Hierfür gibt es unterschiedliche Varianten. Die beste jedoch ist ein einzelner Fastentag, an dem nur Brei aus Reis gegessen wird.
Wem das Wort Entgiften nicht so zusagt sollte wissen, dass es sich dabei lediglich um einen anderen Ausdruck für

- Reinigen
- Entschlacken
- Fasten
- im Englischen Detox

In jedem dieser Fälle geht es um die Reinigung, oder noch besser um die Entlastung Ihres Körpers. Die Reisdiät sorgt dafür, dass folgende Organe besser arbeiten:

Nieren – Den Nieren wird es dadurch einfacher gemacht, Gifte aus dem Körper zu schleusen.

Leber – Die Leber ist ebenfalls für die Entgiftung zuständig und wird in ihrem Handeln unterstützt.

Haut – Über die Haut können Gifte leichter mit dem Schweiß über Poren abgesondert werden.

Oft sind Menschen, die eine Reisdiät zu reinigenden Zwecken machen bereits vorbelastet. Sie haben Probleme mit der Schilddrüse. Diese hat oft eine Unterfunktion. Eine Reisdiät kann diese Probleme zwar nicht aus der Welt schaffen aber sorgt dafür, dass sie gelindert werden. Wenn Sie sich immer müde fühlen, bei der Arbeit oft energielos, schlapp und lustlos sind, kann dies durchaus auf die Schilddrüse hinweisen.

Wenn Sie sich fragen, wann der beste Zeitpunkt ist, um mit Reis zu fasten, lautet die klare Antwort jetzt genau in diesem Moment. Es gibt keine Jahreszeit, die hier benannt werden kann und auch kein Patentrezept. Die Leber, Haut und Nieren entgiften Ihren Körper permanent an 24 Stunden des Tages. Dies bedeutet im Umkehrschluss für Sie, dass Sie Ihrem Organismus genauso zu jeder Zeit helfen können.
Viele nutzen die Reisdiät im Frühjahr, da sie glauben, dass die Frühjahrsmüdigkeit damit verschwindet. Würden Sie jedoch immer mal wieder eine solche Diät einsetzen, wäre klar, dass es bei Ihnen zu keiner „Frühjahrsmüdigkeit“ mehr kommen würde. Ihr Körper wäre entgiftet und permanent fit genug um neue Projekte zu beginnen.

8. Sport während der Reisdiät

Während der Reisdiät sind gerade ruhigere Sportarten sehr angesagt. Das Bedeutet Yoga, Schwimmen, oder Tai Chi können Sie direkt mit in Ihren Tagesplan aufnehmen. Auch spazieren gehen, oder walken sind sehr gut für den eigenen Körper. Sie werden allerdings merken, dass gerade Sport in der ersten Woche sehr schwer fallen wird. Hier wird Ihr Körper unter Stress gestellt. Er bekommt nicht mehr das wonach er süchtig ist, sondern dass was er benötigt um optimal zu funktionieren.

Sämtliche aufgezählten Sportarten finden im Einklang von Körper, Seele und Geist statt. Dies ist in der Diätzeit sehr wichtig. Nach der ersten Woche wird es Ihnen mit dem Sport besser gehen. Die Glückshormone werden freigesetzt und ihr Körper spürt, dass Sie ihm nur gutes wollen.
Jetzt können je nach Bedarf, Lust und Laune auch andere Sportarten mit hinzugefügt werden.
Dabei ist es immer wieder wichtig, dass Sie auf Ihren Körper hören. Treiben Sie ihn nicht zu Höchstleistungen, sondern erhöhen Sie langsam und behutsam Ihr Pensum.

Tipp:

Kleiner Tropfen Öl, aber riesen Wirkung

Wer Kalorien sparen möchte, der sollte folgenden Tipp mal ausprobieren.

Wissenschaftler haben herausgefunden, dass Kokosöl wie eine Art Blocker wirkt. Sobald das Kokosöl dem gekochten Reis hinzugefügt wird und anschließend für 12 Stunden im Kühlschrank abkühlt, werden jede Menge Kalorien gespart.

Wie funktioniert das?

Reis besteht aus leicht und schwer verdaulicher Stärke. Die schwer verdauliche Stärke kann von unserem Körper nicht in Zucker aufgespalten und ins Blut aufgenommen werden. Je mehr also von der schwer verdaulichen Stärke in einem Lebensmittel steckt, umso weniger Kalorien nehmen wir auf.

Sobald Reis abkühlt, verändert sich die Struktur der Stärke. Sie wird fest und schwer verdaulich. Durch das Hinzufügen von Kokosöl bzw. -fett wird dieser Effekt noch verstärkt und geht selbst bei erneutem Erhitzen nicht verloren.

Um diesen Effekt zunutze zu machen, einfach einen Teelöffel Kokosöl ins Kochwasser hinzufügen, die gewünschte Reismenge nach Gebrauchsanleitung kochen. Fertig! Danach nur noch in den Kühlschrank.

Doch Moment! Wir haben ein weiteres Geschenk für Sie, welches Sie noch schneller und leichter ans Ziel bringen wird.

Lassen Sie sich überraschen!
Am Ende des Buches gibt es einen besonderen Bonus!

Nur für Sie!

Rezepte

Hühnchen mit buntem Reis

Zutaten für 4 Portionen:

Salz und Pfeffer

1 Tasse Reis

2 EL gehackte Petersilie

2 Scheiben Kochschinken

1 rote Paprika

1 grüne Paprika

4 Hähnchenschenkel

2 Tomaten

2 Tassen Hühnerbrühe

1 kleine Zwiebel

1 EL Olivenöl

2 Knoblauchzehen

Zubereitung:

Zuerst werden die Hähnchenschenkel mit Salz und Pfeffer gewürzt. In einer Pfanne Olivenöl erhitzen und die Hähnchenschenkel darin von beiden Seiten anbraten. Die angebratenen Hähnchenschenkel aus der Pfanne nehmen und zur Seite stellen.

Die Zwiebel und die Knoblauchzehen schälen und fein hacken. Anschließend werden diese in der Pfanne, in der die Hähnchenschenkel angebraten wurden, ebenfalls angebraten. Der Kochschinken wird in Streifen geschnitten und die gewaschene Paprika in kleine Stücke. Diese werden zu der Zwiebel und den Knoblauchzehen in die Pfanne gegeben und für ein paar Minuten angeschmort. In der Zwischenzeit die Tomaten würfeln und zusammen mit der Hühnerbrühe in die Pfanne geben. Nochmals mit Salz und Pfeffer würzen und alles kurz aufkochen lassen. Nun wird der Reis hinzugegeben. Die beiseite gestellten Hähnchenschenkel nun auf den Reis legen und mit einem Deckel verschließen, auf kleiner Hitze das Ganze garen lassen. Zum Servieren alles mit der Petersilie bestreuen.

Aprikosen mit Wildreissalat

Zutaten für 4 Portionen:

Salatblätter zum Garnieren
75 g Wildreismischung
25 g geröstete, ungesalzene Erdnüsse
1/2 mittelgroßer Apfel
2 TL Obstessig
1/2 grüne Paprikaschote
2 TL Zucker
1/2 Stange Staudensellerie
2 EL Sojasauce
50 g getrocknete Aprikosen

Zubereitung:

Zuerst wird der Reis nach Packungsanweisung gegart. Dieser wird anschließend abgegossen und auf einen Teller gegeben, damit dieser abkühlen kann. Zwischendurch diesen mehrmals umrühren. In der Zwischenzeit wird der Apfel geschält und entkernt. Die Paprikaschote wird gewaschen, geputzt und ebenfalls entkernt. Der Staufensellerie wird gewaschen und geputzt. Den Apfel, die Paprikaschote, den Staudensellerie und die getrockneten Aprikosen fein würfeln und in eine Schüssel geben. Für das Dressing wird die Sojasauce mit dem Zucker, dem Obstessig und 2 EL Wasser verrührt. Das fertige Dressing nun über die Obst - und Gemüse - Mischung geben und gut verrühren. Zum Servieren mit den Erdnüssen und den Salatblättern garnieren.

Warmer Reissalat

Zutaten für 4 Portionen:

Saft aus einer Zitrone
200 g Langkornreis
Olivenöl
1 kl. Dose Mais
Salz
1 kl. Salatgurke
1 Zwiebel
3 Scheiben Kochschinken
2 Tomaten
1 kl. Dose Artischockenherzen
1 kl. Dose Erbsen
1 kl. Dose Spargel

Zubereitung:

Der Reis wird nach Packungsanweisung gekocht. In der Zwischenzeit wird die Zwiebel fein gehackt und die Salatgurke, die Tomaten, die Artischockenherzen und der Spargel sowie der Schinken klein geschnitten. In einer großen Schüssel wird alles zusammen verrührt. Zum Schluss wird der warme Reis untergerührt. Vor dem Servieren wird alles mit dem Zitronensaft, dem Salz und dem Olivenöl gewürzt.

Paprika mit Reis

Zutaten für 4 Personen:

Salz und Pfeffer
200 g Langkornreis
Paprikapulver edelsüß
1 L Salzwasser
1 EL Olivenöl
1/2 grüne Paprikaschote
1/2 rote Paprikaschote

Zubereitung:

Das Salzwasser wird in einem Topf zum Kochen gebracht. Danach wird der Reis hinzugegeben und bei geschlossenem Deckel für 15 - 20 Minuten bei schwacher Hitze quellen gelassen. In der Zwischenzeit die Paprikaschoten entstielen, entkernen und die weißen Wände entfernen. Die Schoten danach ausspülen, abtropfen lassen und in feine Stücke schneiden. Der Reis wird abtropfen gelassen und mit den Paprika - Stücken vermischt. Zum Schluss wird alles mit den Gewürzen abgeschmeckt.

Curryreis

Zutaten für 4 Personen:

1 TL Currypulver

250 g Ananas

1/4 TL Knoblauchpulver

175 ml Rinderbrühe

1 Zwiebel

200 ml Wasser

1 Tasse Reis

Zubereitung:

Die Zwiebel schälen und fein hacken. Das Wasser mit der Rinderbrühe und der gehackten Zwiebel in einen Topf geben und gut verrühren. Anschließend alles zum Kochen bringen. Nun werden der Reis, das Knoblauchpulver und das Currypulver hinzugegeben. Bei kleiner Hitze wird das Ganze nun mit geschlossenem Deckel für 25 Minuten köcheln gelassen. In der Zeit wird die Ananas in kleine Stücke geschnitten und ebenfalls hinzugegeben. Nun muss alles weiter köcheln, bis das restliche Wasser verdunstet ist. Guten Appetit!

Bunte Hühnchen Reispfanne

Zutaten für 4 Portionen:

100 g Zuckererbsenschoten
200 g Reis
1 Prise Safran
100 g Erbsen
Knoblauchsalz
1 Möhrrübe
1 EL Olivenöl
200 g Champignons
400 g Hühnerbrust

Zubereitung:

In einer Pfanne das Öl erhitzen und die Hühnerbrust darin braten. Danach werden diese in Würfel geschnitten und zur Seite gestellt. 2 Tassen Wasser werden mit dem Knoblauchsalz und dem Safran in einem Topf zum Kochen gebracht. Danach wird der Reis hinzugegeben und nach Packungsanweisung gekocht.

In der Zeit werden die Champignons in dünne Scheiben geschnitten und die Möhrrübe in kleine Würfel. Die Champignon - Scheiben und Möhrrüben - Würfel werden bissfest gedünstet.

In einer Pfanne werden nun alle Zutaten vermischt und kurz angebraten. Danach kann das Gericht serviert werden.

Pistazien mit Frühlingszwiebeln und Früchten

Zutaten für 4 Portionen:

2 EL Pistazien
60 g getrocknete, ungeschwefelte Aprikosen
1 TL Currypulver
Saft von einer Orange
1 TL Garam Masala
2 Frühlingszwiebeln
1/2 TL Kardamompulver
200 g Erdbeeren
5 EL Rosinen
2 EL Sonnenblumenöl
250 g Langkornreis
3 EL Butter

Zubereitung:

Die Orange wird ausgepresst und die getrockneten Aprikosen werden dort für 5 Minuten eingeweicht. Nun werden die Frühlingszwiebeln gewaschen, geputzt und getrocknet. Anschließend werden diese in dünne Ringe geschnitten. Die Erdbeeren werden ebenfalls gewaschen geputzt und vorsichtig trocken getupft. Danach werden die Erdbeeren geviertelt.

In einer Pfanne werden das Öl und die Butter erhitzt. Anschließend werden die Frühlingszwiebeln unter Rühren angedünstet. Nun wird der Reis hinzugefügt und glasig angeschmort. Die Aprikosen werden aus dem Orangensaft genommen, abtropfen gelassen und klein geschnitten. Die Rosinen werden gewaschen und zusammen mit den klein geschnittenen Aprikosen zu dem Reis in die Pfanne gegeben. Jetzt werden die Gewürze untergerührt. Der Orangensaft wird mit 250 ml Wasser hinzugegeben. Das Ganze wird nun für 15 - 20 Minuten bei geschlossenem Deckel und geringer Temparatur aufquellen gelassen.

In der Zeit werden die Pistazien gehackt. Diese werden zum Servieren über das fertige Gericht gestreut.

Reissalat mit Tomaten

Zutaten für 4 Portionen:

Basilikumblätter
1 Zwiebel
2 EL Zitronensaft
1 Knoblauchzehe
Salz und Pfeffer
2 EL Olivenöl
225 g Langkornreis
2 Tomaten

Zubereitung:

Die Zwiebel und die Knoblauchzehe werden geschält und gehackt. In einer Pfanne Olivenöl erhitzen und die gehackte Zwiebel und Knoblauchzehe darin dünsten. Die Tomaten werden gewaschen, geputzt und mit kochendem Wasser überbrüht. Danach können die Tomaten gehäutet werden. Gleichzeitig werden diese nun entkernt und das Fruchtfleisch wird in Würfel geschnitten. Die Tomaten - Würfel werden zu der Zwiebel und dem Knoblauch in die Pfanne gegeben und für 5 Minuten mitgeschmorrt. Danach werden der Langkornreis und 600 ml Wasser dazugegeben. Das Ganze nun abdecken und für 15 - 20 Minuten garen lassen. Die Reismischung wird nach Ablauf der Zeit abgegossen und abtropfen gelassen. Alles mit dem Zitronensaft, Salz und Pfeffer abschmecken. Zum Schluss werden die Basilikumblätter gewaschen, vorsichtig trocken getupft und in Streifen geschnitten. Zum Servieren wird der Reissalat mit den Basilikumstreifen bestreut.

Erbsen mit Reis

Zutaten für 4 Portionen:

Thymianpulver

1 Tasse Basmati – Reis

1 Tasse Erbsen

1 EL Olivenöl

2 EL Parmesan

1 Zwiebel

schwarzer Pfeffer

1/2 Tasse Weißwein (trocken)

2 Tassen Hühnerbrühe

1/2 Tasse rote Paprika

Zubereitung:

Den Reis nach Packungsanweisung kochen. Das Olivenöl wird in einer beschichteten Pfanne erhitzt. Die Zwiebel schälen und fein hacken. Anschließend wird diese in der Pfanne glasig angebraten. Die Paprika wird gewaschen und ebenfalls fein gehackt. Diese nun zusammen mit dem Weißwein, dem Thymian, der Hühnerbrühe und dem Pfeffer mit in die Pfanne geben. Nun muss das Ganze aufkochen. Danach für 5 Minuten bei geringer Hitze köcheln lassen. Der fertig gekochte Reis und die Erbsen werden nun darunter gemischt. Unter ständigem Rühren nochmals für 5 Minuten weiter köcheln lassen. Der Parmesan wird vor dem Servieren über das Gericht gestreut.

Spargel Risotto

Zutaten für 4 Portionen:

geraspelte Zitronenschale
1/2 Tasse Spargelstücke frisch gekocht
1 TL Thymian
3 Tassen Rinderbrühe
1/2 Tasse Zwiebeln
1 Tasse Reis
1 TL Olivenöl
1/2 Tasse Weißwein

Zubereitung:

In einer großen Pfanne das Öl erhitzen. Die Zwiebel schälen und klein hacken. Anschließend wird diese in der Pfanne glasig gedünstet. In einem Topf die Rinderbrühe kurz aufkochen lassen und bei niedriger Temperatur warmhalten. Nun wird der Reis in die Pfanne zu den Zwiebel - Stücken gegeben und für ca. 1 Minute unter ständigem Rühren angebraten. Alles mit dem Weißwein ablöschen und so lange köcheln lassen, bis der Weißwein verdunstet ist. Damit nichts anbrennt, sollte gelegentlich umgerührt werden. Die Rinderbrühe wird nun tassenweise dazugegeben. Diese sollte ebenfalls unter ständigem Rühren verdunsten. Wenn die gesamte Brühe verdunstet ist und der Reis eine cremige Konsistenz angenommen hat, ist dieser fertig. Zum Schluss werden der Thymian und die Zitronenschale sowie die Spargelstücke hinzugegeben und nochmals kurz erhitzt.

Reis Roulade mit Gemüse

Zutaten für 4 Portionen:

3 EL Olivenöl
650 ml Gemüsebrühe
Salz und Pfeffer
300 g Reis, 1 Eisbergsalat
4 Artischocken
1 grüne Paprika
1 Zwiebel, 1 Zucchini
1 Stange Sellerie, 1 Aubergine

Zubereitung:

Die Zwiebel wird geschält und fein gehackt. Das Gemüse wird gewaschen und klein geschnitten. 12 große Blätter werden von dem Eisbergsalat genommen, gewaschen und kurz in heißes Wasser getaucht. In dem Olivenöl die gehackten Zwiebeln, den Sellerie und die Paprika für einige Minuten anbraten. Danach werden die Auberginen-, die Artischockenherzen- und die Zucchini - Stücke hinzugegeben. Den Inhalt nun mit einem Deckel abdecken und für 10 Minuten, unter gelegentlichem Rühren, köcheln lassen. Nach Ablauf der 10 Minuten werden der Reis und die Gemüsebrühe hinzugegeben. Das Ganze muss nun abgedeckt für 8 Minuten bei hoher Temperatur kochen. Nach den 8 Minuten die Temperatur reduzieren und nochmals 8 Minuten kochen lassen. Danach muss das Ganze für weitere 8 Minuten ziehen. Die fertige Mischung wird zum Servieren auf den Salatblättern verteilt und diese werden eingerollt.

Hühnerbrust Frikassee

Zutaten für 6 Personen:

4 EL Creme legere
700 g Hähnchenbrust
2 EL 8 Kräuter (tiefgekühlt)
600 ml Wasser
2 Beutel Reis
2 gehäufte TL Gemüsebrühe (Instant)
4 TL Kapern
2 große Tomaten
4 gegrillte, eingelegte rote Paprika

Zubereitung:

Die Hähnchenbrust wird in Stücke geschnitten. Anschließend werden diese zusammen mit dem Wasser, den Tiefkühlkräutern und der Brühe in einen Topf gegeben und für 20 Minuten gekocht.
In der Zeit werden die Tomaten und die Paprikas in kleine Würfel geschnitten. Diese werden mit den Creme legere und den Kapern ebenfalls in den Topf gegeben und untergemischt. Alles für ca. 10 Minuten kochen lassen. Danach die Reisbeutel aufschneiden und den Reis mit in den Topf geben. Das Ganze muss nun nochmals 15 Minuten unter gelegentlichem Umrühren kochen. Zum Schluss wird alles mit der Gemüsebrühe abgeschmeckt.

Gefüllte Paprika

Zutaten für 8 Personen:

Reis
8 rote Paprikaschoten, glatte Petersilie
600 g Hackfleisch, 2 Lorbeerblätter
250 g Magerquark, 2 Dosen geschälte Tomaten
4 EL Tomatenketchup
2 Knoblauchzehen (alternativ Knoblauchpulver)
Salz und Pfeffer, 2 Zwiebeln, 2 EL Butter (alternativ Margarine)

Zubereitung:

Einen Deckel von den Paprikaschoten abschneiden. Anschließend werden diese entkernt und gewaschen. Das Hackfleisch wird mit dem Ketchup, 1 EL Wasser und dem Quark verknetet. Alles kräftig mit Salz und Pfeffer würzen. Die Hackfleisch - Mischung wird in die entkernten Paprikaschoten gefüllt. Danach werden die Zwiebel und die Knoblauchzehen geschält und fein gehackt.

In einer Pfanne das Fett erhitzen und die gefüllten Paprikaschoten darin andünsten. Die Zwiebel und der Knoblauch werden kurz mit angedünstet. Alles mit den geschälten Tomaten inklusive Saft ablöschen. Nun kommen die Lorbeerblätter und die Petersilie hinzu. Die Paprikaschoten werden mit dem jeweiligen Deckel abgedeckt. Nun muss alles bei geschlossenem Pfannendeckel für ca. 40 Minuten schmoren. Nach Ablauf der Zeit werden die Paprikaschoten vorsichtig aus der Soße genommen. Die Soße nun mit Salz und Pfeffer würzen und gegebenenfalls etwas andicken. Den Reis nach Packungsanweisung kochen und zusammen mit den Paprikaschoten servieren.

Schnelles Gemüse - Reis - Gericht

Zutaten für 2 Personen:

Fett
400 g Champignons
Paprikapulver
100 g Bambussprossen (in Scheiben)
Salz und Pfeffer
150 g Geflügelfleisch
Sojasauce nach Bedarf
100 g Reis
40 ml Milch

Zubereitung:

Die Champignons werden in Scheiben geschnitten. Nun wird eine Pfanne erhitzt und die Champignon - Scheiben werden mit etwas Fett hineingegeben. Diese nun mit Salz, Paprikapulver und Pfeffer würzen. Danach werden die Bambussprossen und der Reis hinzugegeben und erhitzt. Nun wird das Geflügelfleisch in die Pfanne gegeben und angebraten. Zum Schluss wird die Milch hineingegeben und gut verrührt. Bei Bedarf kann das Ganze noch mit der Sojasauce abgeschmeckt werden.

Gebratener Reis mit Ei und jungem Gemüse

Zutaten für 4 Portionen:

etwas Margarine (alternativ Öl)
200 g Reis
Currypulver nach Bedarf
2 Dosen Erbsen und Möhren
Chiliflocken nach Bedarf
2 Eier
Salz und Pfeffer
200 g Frischkäse mit Kräutern

Zubereitung:

Den Reis nach Packungsanweisung kochen. In einer Pfanne etwas Margarine schmelzen lassen. Nun den gekochten Reis und das Gemüse in die Pfanne geben und alles anbraten lassen. Danach werden die Eier hineingegeben und gut verrührt. Jetzt kommt der Frischkäse hinzu und ebenfalls einrühren. Zum Schluss wird das Ganze mit Chiliflocken, Salz, Currypulver und Pfeffer abgeschmeckt. Das Gericht kann dann sofort serviert werden.

Griechische Reis - Tatar - Gemüse Pfanne

Zutaten für 6 Portionen:

Pfefferminze
4 Zucchini
Salz und Pfeffer
6 Paprikaschoten
Paprikapulver
4 Zwiebeln
Thymian
2 Knoblauchzehen
Oregano
400 g Reis
2 Pk. Schafskäse (light)
600 ml Brühe
8 Tomaten
480 g Tatar
2 TL Öl

Zubereitung:

In einer Pfanne das Öl geben und das Tatar darin anbraten. Die Zwiebeln schälen und würfeln. Diese werden mit in der Pfanne angebraten. Alles mit etwas Salz und Pfeffer würzen. Danach wird der ungekochte Reis hinzugefügt und ebenfalls mitgebraten. Das Ganze nochmals mit Thymian und Oregano würzen. Die Knoblauchzehen schälen und klein hacken. Diese werden nun mit in die Pfanne gegeben. Die Zucchini und die Paprikaschoten würfeln und in der Pfanne kurz anschwitzen. 2 Blätter getrocknete Minze hinzubröseln und mit dem Paprikapulver würzen. Mit der Brühe wird nun alles abgelöscht. Bei geringer Hitze und geschlossenem Deckel muss das Ganze nun für 10 Minuten garen. In der Zwischenzeit können die Tomaten gewürfelt werden. Diese werden nach Ablauf der 10 Minuten unter den Pfanneninhalt gehoben. Der Schafskäse wird darüber gebröckelt. Danach alles noch einmal zudecken und für ca. 10 weitere Minuten köcheln lassen.

Fischpfanne mit Reis

Zutaten für 8 Portionen:

gemischte Kräuter (tiefgekühlt oder frisch)
4 rote Spitzpaprikas
Salz und Pfeffer
2 mittelgroße Zucchini
etwas Gemüsebrühe
2 Zwiebeln
6 Fischfilets
2 Knoblauchzehen

Zubereitung:

In einer Pfanne etwas Olivenöl und einen Schuss Wasser erhitzen. Die Zwiebeln, die Zucchini und die Paprika in kleine Würfel schneiden und in die Pfanne geben. Diese dort andünsten und mit etwas Gemüsebrühe ablöschen.
Das Fischfilet in kleine Würfel schneiden und mit in die Pfanne geben. Alles mit Salz und Pfeffer abschmecken. Das Ganze muss nun bei mittlerer Hitze so lange köcheln, bis nur noch wenig Flüssigkeit vorhanden ist. Danach werden die Kräuter hinzugegeben und für einige Minuten ziehen lassen.

Reis mit gelbem Hähnchencurry

Zutaten für 8 Portionen:

500 g Reis

800 g Hähnchenfleisch

4 kleine Lorbeerblätter

2 mittelgroße Zwiebeln

etwas Petersilie

2 Kopf Brokkoli

etwas Garam Masala

500 ml Mandelmilch

etwas Kreuzkümmel

200 ml Sojasahne (light)

6 TL Salz

2 TL Honig

Kurkumapulver

Saft von einer Limette

Currypulver

4 Plattpfirsiche

Zubereitung:

Das Hähnchenfleisch wird klein geschnitten. Der Brokkoli in Rösschen geschnitten und die Zwiebeln sowie die Pfirsiche werden gewürfelt.

In einer Pfanne wird nun das Hähnchenfleisch leicht angebraten und mit Currypulver, Salz und Kurkumapulver gewürzt. Nun werden die Zwiebeln hinzugegeben. Das Ganze muss nun bei geschlossenem Deckel für ca. 5 Minuten dünsten. Danach werden die Brokkoli - Rösschen hinzugegeben und nochmals weitergedünstet. Nun werden die Mandelmilch und die Sojasahne untergerührt und alles wird kräftig mit dem Curry- und Kurkumapulver gewürzt. Danach werden das Garam Masala und der Kreuzkümmel hinzugegeben. Zum Schluss wird alles mit dem Limettensaft und dem Honig abgeschmeckt. Nun muss das Ganze nochmals für 25 - 20 Minuten, bei geschlossenem Deckel, köcheln.

In der Zwischenzeit wird der Reis nach Packungsanweisung gekocht.

Tomatensuppe mit Feta Käse

Zutaten für 3 Portionen:

Salz und Pfeffer
1/2 Zwiebel
Oregano
1/2 EL Öl
Basilikum
1 Dose pürierte Tomaten (500 ml)
1 EL Zucker
1/2 Dose stückige Tomaten (400 ml)
125 g Feta Käse fettarm
125 g gegarter Reis

Zubereitung:

Zuerst wird die Zwiebel geschält und in kleine Würfel geschnitten. Die Zwiebel - Würfel werden in einem Topf mit etwas Öl angeschwitzt. Danach werden die Tomaten hinzugegeben und gut verrührt.

Der Feta - Käse wird längs und quer geschnitten. Die Würfel sollten nicht zu klein werden. Die Feta - Würfel nun mit in die Suppe geben.

Der Basilikum wird fein gehackt und zusammen mit dem Zucker und dem Oregano in die Suppe gegeben. Das Ganze wird mit Salz und Pfeffer abgeschmeckt. Danach muss die Suppe für 5 Minuten köcheln. Den Reis nach Packungsanweisung kochen und anschließend mit in die Suppe geben.

Hackfleisch mit Tomaten - Reis

Zutaten für 2 Personen:

Oregano
100 g Hackfleisch
Basilikum
1/2 Zwiebel
Paprikapulver
400 ml passierte Tomaten
Salz und Pfeffer
1 Dose Mexikanisches Gemüse
1/2 TL gekörnte Brühe
1 große Tasse Reis

Zubereitung:

Zuerst wird der Reis nach Packungsanweisung gekocht. In der Zwischenzeit wird die Zwiebel geschält und klein gewürfelt. In einer Pfanne mit etwas Öl das Hackfleisch und die Zwiebel Würfel krümelig anbraten. Danach werden das mexikanische Gemüse und die passierten Tomaten hinzugegeben. Alles gut miteinander verrühren. Das Ganze nun mit den Gewürzen und Kräutern nach Belieben abschmecken. Zum Schluss wird der gekochte Reis hinzugegeben und untergemischt. Vor dem Servieren alles noch einmal abschmecken.

Putenbrustfilet in Käserahmsoße

Zutaten für 8 Portionen:

8 Portionen Reis
500 g Champignons
Zitronensaft
1 kg Putenbrustfilets
Salz und Pfeffer
400 g Créme Legere
2 EL heller Saucenbinder
400 g Kräuterfrischkäse
250 ml Brühe
80 g Sonnenblumenöl

Zubereitung:

Die Champignons werden geputzt, gewaschen und halbiert. Die Putenbrustfilets können bei Bedarf in der Höhe halbiert werden. Danach das Fleisch mit Salz und Pfeffer würzen. In einer Pfanne das Sonnenblumenöl erhitzen und das Fleisch darin anbraten. Danach werden die Pilze hinzugegeben und kurz mitgebraten. Danach werden das Fleisch und die Champignons aus der Pfanne genommen und zur Seite gestellt. Der Bratensatz in der Pfanne wird mit der Brühe und dem Créme Legere abgelöscht und aufgekocht. Nun wird der Soßenbinder eingerührt und nochmals das Ganze aufkochen lassen. Der Kräuterfrischkäse wird hinzugefügt und in der Soße zum Schmelzen gebracht. Die fertige Soße kann nun mit Zitronensaft, Salz und Pfeffer abgeschmeckt werden. Zum Schluss werden das Fleisch und die Pilze wieder in die Soße hineingegeben und das Gericht kann serviert werden.

Leichtes Reisgericht mit Karotte, Schafskäse und Erbsen

Zutaten für 8 Portionen:

Salz und Pfeffer nach Bedarf

400 g Reis

2 TL Sesam

100 g Hühnerfleisch

100 g fettreduzierter Schafskäse

2 Karotten

300 ml Gemüsebrühe (Instant)

100 g Erbsen

4 TL fettreduzierter Frischkäse mit Kräutern

1 Bund Frühlingszwiebeln

Zubereitung:

Den Reis nach Packungsanweisung kochen. In der Zwischenzeit die Karotten schälen. Diese werden auf einer Reibe grob gehobelt. Die Frühlingszwiebeln werden geputzt und in feine Ringe geschnitten. Das Hühnerfleisch wird gewaschen und danach in kleine Stücke geschnitten. Zum Schluss wird der Schafskäse in kleine Würfel geschnitten. In einer beschichteten Pfanne wird nun das Hühnerfleisch bei mittlerer Temperatur angebraten. Dabei immer wieder umrühren, damit nichts anbrennt. Wenn das Hühnerfleisch durchgebraten ist, werden die Karotten und die Erbsen dazugegeben und mit dem Sesam bestreut. Alles muss nun bei geringer Hitze kurz garen. Danach wird das Ganze mit der Gemüsebrühe abgelöscht und der Frischkäse wird darin zum Schmelzen gebracht. Das Ganze nun köcheln lassen und mit Salz und Pfeffer abschmecken. Der Reis ist mittlerweile fertig gekocht und kann in die Pfanne eingerührt werden. Zum Schluss werden die Schafskäse - Würfel in die Pfanne gegeben und dort zum Schmelzen gebracht. Das Gericht wird heiß serviert.

Paprikareis

Zutaten für 4 Portionen:

Öl
4 rote Paprikaschoten, Salz und Pfeffer
4 grüne Paprikaschoten
Paprikapulver, edelsüß
2 Zwiebeln, 500 ml Wasser
2 Knoblauchzehen, 100 ml Weißwein
400 g gekochter Schinken
8 EL Tomatenmark
2 Becher Reis

Zubereitung:

Der Reis wird mit Salz und der doppelten Menge Wasser in einem Topf gegart. In der Zeit werden die Paprikaschoten gewaschen und in kleine Würfel geschnitten. Die Zwiebeln werden geschält und ebenfalls in Würfel geschnitten. In einer Pfanne wird etwas Öl erhitzt und die Paprika- und Zwiebel - Würfel werden darin angedünstet. Nun werden die Knoblauchzehen durch eine Knoblauchpresse gedrückt und mit in die Pfanne gegeben. Der gekochte Schinken wird in Würfel geschnitten und zusammen mit Wasser, dem Weißwein und dem Tomatenmark mit in die Pfanne gegeben. Alles muss nun aufkochen und bei geschlossenem Deckel und schwacher Hitze so lange weiter köcheln, bis die Paprika gar sind. Wenn das Ganze zu sehr auskocht, kann noch etwas Wasser hinzugegeben werden. Zum Schluss wird alles mit Salz und Pfeffer abgeschmeckt und zusammen mit dem Reis serviert.

Gekochtes Hähnchen mit Cashewnüssen

Zutaten für 6 Portionen:

Sojaöl
2 Tassen Reis
300 ml Gemüsebrühe
600 g Hähnchenbrust
2 TL Zucker
1 L Gemüsebrühe
240 ml Sojasauce
300 g Champignons
2 handvoll ungesalzene Cashewnüsse
4 Zwiebeln
2 Karotten
2 rote Paprikaschoten
8 Frühlingszwiebeln
2 gelbe Paprikaschoten

Zubereitung:

Der Reis wird mit etwas Salz oder Gemüsebrühe nach Packungsanweisung gekocht.
In der Zwischenzeit wird das Hähnchen in dünne Scheiben geschnitten und in einem Topf mit 1/2 l Gemüsebrühe gekocht. Nun wird das Gemüse geschält und gewaschen. Die Champignons werden anschließend in Scheiben geschnitten, die Paprika in breite Streifen, die Karotten in dünne Scheiben und die Frühlingszwiebeln werden schräg geschnitten. Die Zwiebeln werden ebenfalls geschält und geviertelt.
Jetzt wird in einer Pfanne oder in einem Wok etwas Sojaöl erhitzt. Dort werden die Champignons, die Paprika, die Karotten und die Zwiebeln kurz angebraten. Mit der Sojasoße wird alles abgelöscht und der Zucker wird hinzugefügt. Danach wird etwas Brühe hinzugegeben. Nun kommen die Frühlingszwiebeln, das Hähnchenfleisch und die Chashewnüsse ebenfalls in die Pfanne. Alles kurz erwärmen und mit dem fertig gekochten Reis servieren.

Orientalische Kichererbesen

Zutaten für 4 Portionen:

Salzwasser
500 g Kichererbsen
240 g Reis, 8 Tomaten
8 TL Olivenöl
4 Lauchzwiebeln
gehackte Petersilie
2 Äpfel, Salz
4 Knoblauchzehen
etwas Sambal Oelek
4 TL Koriander – Samen
etwas Kreuzkümmel

Zubereitung:

Der Reis wird nach Packungsanweisung in Salzwasser gekocht. Danach wird dieser abgegossen und zur Seite gestellt. Die Kichererbsen werden mit etwas Wasser aus der Dose zum Kochen gebracht. In der Zwischenzeit werden die Tomaten geviertelt. Die Lauchzwiebeln werden geputzt, abgespült und klein geschnitten. Die Äpfel werden gewürfelt und die Knoblauchzehen werden geschält und fein gehackt. Die Tomaten, die Lauchzwiebeln, die Knoblauchzehen und die Äpfel werden mit dem zerdrückten Koriander und dem Kreuzkümmel sowie etwas Sambal Oelek zu den Kichererbsen gefügt und für 5 - 7 Minuten gekocht. Alles mit Salz würzen und zusammen mit dem Reis anrichten. Zum Servieren werden gehackte Petersilie und Olivenöl darüber gegeben.

Zucchini - Reis

Zutaten für 4 Portionen:

100 g fettreduzierter Frischkäse
200 g Naturreis
evtl. Gemüsebrühe (Instant)
2 mittelgroße Zucchini
Salz und Pfeffer
2 Knoblauchzehen
2 TL Pizzagewürz
2 Zwiebeln
2 gestrichene TL Kräuter der Provence
4 TL Öl
2 Pk. passierte Tomaten

Zubereitung:

Der Reis wird nach Packungsanweisung gegart. In der Zwischenzeit werden die Knoblauchzehen und die Zwiebeln geschält und fein gewürfelt. Danach werden diese in heißem Öl glasig gedünstet. Die Zucchini wird geputzt, gewaschen und anschließend klein geschnitten. Diese wird zu den Zwiebeln und dem Knoblauch in die Pfanne gegeben und für ca. 5 Minuten mitgebraten. Nun werden die passierten Tomaten, die Gewürze und bei Bedarf etwas Gemüsebrühe (Instant) hinzugefügt. Alles muss nun für ca. 10 Minuten köcheln. Zum Schluss werden der Frischkäse und der fertig gegarte Reis hinzugefügt und gut umgerührt.

Reis - Gemüse - Pfanne mit Frischkäse

Zutaten für 8 Portionen:

Öl
500 g Reis
500 ml Wasser
Salz und Pfeffer
2 Paprikaschoten
4 TL Instantbrühe
600 g tiefgefrorene Erbsen
2 TL Kreuzkümmelpulver
600 g Möhren
6 TL Curry, 4 Zwiebeln
300 g Frischkäse

Zubereitung:

Der Reis wird mit 2 TL Instantbrühe nach Packungsanweisung gekocht.

Die Zwiebeln werden geschält und in Würfel geschnitten. Die Zwiebel – Würfel in etwas Öl und einem Teelöffel Currypulver anbraten. Die Möhren werden geschält und grob geraspelt. Die Paprika werden gewaschen und in Stücke geschnitten. Mit etwas Wasser werden die Möhren und die Paprika nun zu den Zwiebeln gegeben und für 10 Minuten muss alles köcheln. Danach werden die Erbsen hinzugefügt und nochmals für 5 Minuten mitgeschmort. Nun kommt der Frischkäse mit 2 TL Curry und Kreuzkümmel hinzu. Alles wird mit Salz und Pfeffer abgeschmeckt und gut miteinander verrührt. Der Frischkäse soll sich gut verteilen. Zum Schluss kommt der fertig gegarte Reis hinzu.

Reis - Hähnchen - Pfanne

Zutaten für 4 Portionen:

Paprikapulver
4 Hähnchenschenkel
1 Zwiebel
2 TL Öl, 2 Knoblauchzehen
Salz und Pfeffer
250 g Reis
1 gelbe Paprikaschote
1 Dose geschälte Tomaten
1 rote Paprikaschote
1 grüne Paprikaschote

Zubereitung:

Die Hähnchenschenkel werden mit Salz, Paprika und Pfeffer gewürzt. Anschließend werden diese in einer Pfanne mit Öl braun gebraten.

Der Reis wird nach Packungsanweisung gegart. Die Hähnchenschenkel werden aus der Pfanne genommen und warm gestellt. In der Zwischenzeit wird die Zwiebel geschält und in Würfel geschnitten. Die Zwiebel - Würfel in dem Bratenfett andünsten. Die Paprika würfeln und ebenfalls mit in die Pfanne geben. Alles gut anbraten. Danach werden die Paprika mit den Tomaten inklusive dem Saft abgelöscht. Die Tomaten in der Pfanne etwas zerkleinern und die Knoblauchzehen durch eine Knoblauchpresse dazugeben. Das Ganze wird nun mit Salz, Pfeffer und Paprika gewürzt. Jetzt wird der fertige Reis untergehoben und die Hähnchenschenkel werden darauf gelegt. Das Ganze muss nun nochmals für 10 - 15 Minuten bei schwacher Hitze weiter garen.

Reissalat scharf und fruchtig

Zutaten für 4 Portionen:

2 EL getrocknete Berberitzen
250 g Reis
2 EL Rapsöl
2 EL scharfes Currypulver
4 EL Zitronensaft
etwas Chilipulver
4 EL Rosinen
Salz
2 kleine reife Mangos
6 Frühlingszwiebeln
1/2 Ananas
1 süßer Apfel
1/2 Salatgurke
1 rote Paprikaschote

Zubereitung:

Der Reis wird nach Packungsanweisung gekocht und heiß in eine Schüssel gegeben. Das scharfe Currypulver wird darunter gemischt und mit Salz und dem Chilipulver abgeschmeckt. Die Frühlingszwiebeln, die Gurke, die Mangos, die Paprikaschote, die Ananas und der Apfel werden klein geschnitten und ebenfalls unter den Reis gemischt. Nun werden noch die Berberitzen und die Rosinen untergemischt. Zum Schluss kommen das Rapsöl und der Zitronensaft hinzu.

Die Schüssel wird nun abgedeckt und für ca. 1 Stunde in den Kühlschrank zum Durchziehen gestellt. Vor dem Servieren muss der Salat nochmals abgeschmeckt werden.

Djuvec Reis

Zutaten für 4 Portionen:

Salz und Pfeffer
1 Zwiebel
200 g Reis
2 Knoblauchzehen
380 g gelbe Spitzpaprika
35 g Butter
75 g Ajvar
1 Dose stückige Tomaten
3 g Paprikapulver, edelsüß
1 Würfel Rinderbrühe

Zubereitung:

Die Knoblauchzehen und die Zwiebel werden geschält. Die Knoblauchzehen werden anschließend gehackt und die Zwiebel klein gewürfelt. Alles in Butter leicht glasig anschwitzen. Nun werden die Spitzpaprika klein gewürfelt und zu dem Knoblauch und den Zwiebeln in die Pfanne gegeben. Diese so lange dünsten, bis sie weich sind. Nun werden die restlichen Zutaten, außer dem Reis, dazugegeben. Alles kurz aufkochen lassen.

Den Reis nach Packungsanweisung kochen und anschließend mit in die Soße geben. Alles nochmals kurz aufkochen lassen, bis eine cremige Konsistenz entsteht. Zum Schluss das Ganze mit Salz und Pfeffer abschmecken.

Pilz - Sprossen - Wok mit Reis

Zutaten für 4 Portionen:

4 Msp. Chili
400 g Lauch
2 EL Sojasauce
800 g Champignons
4 TL Öl
120 g Sojasprossen
Salzwasser
600 g Naturreis

Zubereitung:

Zuerst wird der Reis in Salzwasser nach Packungsanweisung gekocht. In der Zwischenzeit werden der Lauch und die Champignons in feine Scheiben geschnitten. Der Lauch wird in einer Pfanne mit Öl angebraten. Danach werden die Pilze hinzugegeben und unter Rühren für 5 Minuten mitgebraten. Nun werden die Sojasprossen untergemischt und ebenfalls kurz mitgebraten. Alles mit der Sojasauce und dem Chili würzen. Der Naturreis wird mit der Soße serviert.

Gemüsesuppe mit Reis

Zutaten für 2 Portionen:

etwas Petersilie (alternativ Basilikum)
150 g Möhren, etwas Salz und Pfeffer aus der Mühle
175 g Knollensellerie, 125 g Langkornreis (Express - Reis)
1 kleine Kartoffel
1/2 EL Gemüsebrühe (Instant und vegan)
1/2 rote Paprikaschote, 1/2 l Wasser
2 kl. Strauchtomaten, 1 EL Tomatenmark
1/2 Zwiebel, 1/2 Knoblauchzehe

Zubereitung:

Zuerst werden die Möhren, die Kartoffel und der Sellerie geputzt, geschält, gewaschen und in kleine Würfel geschnitten. Die Paprikaschote wird halbiert, geputzt, abgespült und ebenfalls in kleine Würfel geschnitten. Die Strauchtomaten werden gewaschen, geputzt, geviertelt, entkernt und klein geschnitten. Zum Schluss werden die Zwiebeln und die Knoblauchzehe geschält und fein gewürfelt. Das Olivenöl wird in einem Suppentopf erhitzt. Darin werden die Zwiebel und der Knoblauch glasig angedünstet. Danach werden die Möhren, die Kartoffel und der Sellerie hinzugegeben und das Tomatenmark wird eingerührt. Alles für ca. 5 Minuten anschwitzen lassen. Das Ganze mit Wasser ablöschen und aufkochen lassen. Nun wird die Gemüsebrühe eingerührt. Die Suppe mit einem Deckel bedecken und für ca. 10 Minuten köcheln lassen. Jetzt wird der Reis eingerührt und noch einmal für weitere 3 - 5 Minuten alles kochen lassen. Zum Schluss die Suppe mit Salz und Pfeffer abschmecken und mit der frisch gehackten Petersilie bestreuen, bevor diese serviert wird.

Gebratener Reis asiatisch

Zutaten für 2 Portionen:

Salz und Pfeffer, 100 g Reis
150 g Krabben, 1/2 Bund Frühlingszwiebeln
1 1/2 EL Sojasauce, 1 rote Paprikaschote
1 EL Öl, 1/4 Chinakohl
1/2 haselnussgroßer Ingwer, 50 g Sojasprossen

Zubereitung:

Der Reis wird nach Packungsanweisung gekocht.
Das Gemüse wird gewaschen. Die Frühlingszwiebeln werden geputzt und der weiße Teil wird in kleine Würfel geschnitten. Der grüne Teil wird in ca. 2 cm große Stücke geschnitten. Die Paprikaschote wird geputzt und geviertelt. Diese Viertel werden quer in Streifen geschnitten. Der Chinakohl wird ebenfalls gewaschen und in schmale Streifen geschnitten. Zum Schluss wird der Ingwer geschält und klein gehackt. In einer tiefen Pfanne oder in einem Wok Öl erhitzen. Die Paprika und den Ingwer dort für 5 Minuten braten. Danach werden die Frühlingszwiebeln und der Chinakohl hinzugegeben. Alles nun für weitere 3 Minuten braten. Die Sojasprossen werden am Ende kurz mit angebraten. Das Gemüse wird mit der Sojasauce und dem Pfeffer gewürzt. Nun kommt der fertig gekochte Reis hinzu. Alles gut miteinander verrühren und so lange weitertragen, bis der Reis heiß geworden ist. Zum Schluss werden die Krabben hinzugegeben und kurz heiß werden lassen.
Alternativ können auch 250 g Hackfleisch vor dem Gemüse angebraten werden, anstelle der Krabben.

Hühnersuppe mit Curry und Reis

Zutaten für 6 Portionen:

Koriandergrün nach Bedarf
3 Hähnchenbrustfilets (je 250 g)
Currypulver
Pfeffer aus der Mühle
3 TL helle Sojasauce
Meersalz
6 EL Apfelsaft
225 g Basmatireis
1,75 l Hühnerbrühe

Zubereitung:

Zuerst werden die Hähnchenbrustfilets gewaschen, trocken getupft und in kleine Würfel geschnitten. Der Apfelsaft wird mit der Sojasauce verrührt und die geschnittene Hühnerbrust wird darin für ca. 30 Minuten mariniert. Die Brühe wird in einem Topf aufgekocht. Der Reis wird unter fließendem kaltem Wasser in einem Sieb so lange gewaschen, bis klares Wasser abläuft. Der Reis wird nun in die kochende Brühe gegeben und für 15 Minuten bei schwacher Hitze Quellen gelassen. Die marinierten Hähnchenbrust wird aus der Marinade genommen und in der Brühe aufgekocht. Bei schwacher Hitze muss das Fleisch in der Brühe garen, gegebenenfalls muss Wasser hinzugefügt werden. Die fertige Hühnersuppe mit Curry, Salz und Pfeffer abschmecken. Zum Servieren wird die Suppe auf vier Schälchen verteilt und mit den Korianderblättern nach Belieben garniert.

Tomatenreis

Zutaten für 2 Portionen:

2 TL Olivenöl
600 g Tomaten
Zucker
80 g Reis
Oregano
2 Zwiebeln
Pfeffer
frischer Basilikum nach Bedarf
2 Prisen Salz
2 TL Tomatenmark

Zubereitung:

Der Reis wird in Salzwasser nach Packungsanweisung gekocht. Die Zwiebeln werden geschält und in Würfel geschnitten. Die Zwiebel - Würfel nun in heißem Olivenöl glasig anbraten. In der Zeit werden die Tomaten gewürfelt und zu den Zwiebeln gegeben. Mit einer Prise Salz und Pfeffer sowie dem Oregano abschmecken. Nun kommt eine Prise Zucker hinzu. Das Ganze mit etwas Kochwasser von dem Reis ablöschen und das Tomatenmark hinzugeben. Alles gut verrühren. Der fertige Reis wird mit etwas Kochwasser zu den Tomaten gegeben. Der Basilikum wird klein geschnitten und ebenfalls dazugegeben. Jetzt muss alles kurz einkochen und kann anschließend serviert werden.

Hackfleisch Pfanne

Zutaten für 2 Portionen:

70 g Mais, 75 g Reis
75 ml Gemüsebrühe, Salz
1/4 Zitrone, 150 g tiefgekühlte Erbsen
1/2 Knoblauchzehe
1/2 rote Paprikaschote
Salz und Pfeffer
1 Zwiebel, 200 g gemischtes Hackfleisch
1 EL Olivenöl

Zubereitung:

Der Reis wird in Salzwasser nach Packungsanweisung gekocht. Die Erbsen werden für ca. 5 Minuten in wenig sprudelndem Wasser gegart.
Die Paprika wird halbiert, geputzt, gewaschen und in kleine Würfel geschnitten. Die Zwiebel wird geschält und fein gehackt. In einer Pfanne wird Olivenöl erhitzt und das Hackfleisch wird darin krümelig angebraten. Das Hackfleisch mit Salz und Pfeffer würzen. Nun werden die Zwiebeln zu dem Hackfleisch gegeben und mitgebraten. Der Knoblauch wird geschält und fein gehackt. Anschließend wird dieser ebenfalls zu dem Hackfleisch gegeben. Die halbe Zitrone auspressen und den Saft mit der Gemüsebrühe in die Pfanne zu dem Hackfleisch geben. Alles für 10 Minuten garen lassen. Den Mais abtropfen lassen. Die Paprikawürfel, den Mais und die Erbsen mit in die Pfanne geben und nochmals für weiter 10 Minuten garen lassen. Den fertig gekochten Reis abgießen und darunter mischen. Zum Schluss das Ganze mit Salz und Pfeffer abschmecken.

Sommerlich leichter Reissalat

Zutaten für 2 Portionen:

10 Blätter frische Basilikum
4 gelbe Paprikaschoten
2 EL Olivenöl
6 Tomaten
4 EL Essig
1 rohe Zucchini
1/2 Knoblauchzehe
1 Bund Frühlingszwiebeln
Salz und Pfeffer
4 Tassen Reis

Zubereitung:

Das Gemüse waschen. Die Paprikaschoten in Streifen schneiden, die Tomaten Achteln und die Zucchini in dünne Scheiben schneiden. Die Frühlingszwiebeln werden in Ringe geschnitten. Den Reis nach Packungsanweisung kochen und die Basilikumblätter in Streifen schneiden. Das Olivenöl und den Essig zusammen mit der zerdrückten Knoblauchzehe in einer Schüssel anrühren.

Das Gemüse und die Frühlingszwiebeln in die Schüssel zu der Marinade geben und verrühren. Zum Schluss kommt der gekochte Reis und der Basilikum dazugegeben. Alles gut miteinander verrühren.

Vegetarischer Sushiteller

Zutaten für 2 Portionen:

etwas Sesamöl (alternativ Sonnenblumenöl)
2 Tassen Reis (Basmati- oder Sushireis)
japanische Sojasauce
Wasser nach Bedarf
2 TL Zucker
1 Möhre
etwas Reisessig
1/2 Paprikaschote
2 Schuss Sake (alternativ trockener Weißwein)
2 Salatgurken
2 TL Wasabipulver (alternativ Wasabipaste)

Zubereitung:

Der Reis wird nach Packungsanweisung gekocht und so lange kochen gelassen, bis kein Wasser mehr im Topf ist. In der Zwischenzeit wird das Gemüse gewaschen. Die Möhre und die Gurke werden geschält. Das Gemüse in Stücke schneiden, zum Beispiel in Rauten, Stäbchen oder Würfel. In einer Pfanne das Öl erhitzen. Zuerst werden darin die Möhren - Stücke bissfest gegart. Danach die Paprika und zum Schluss die Gurke. Das Ganze wird mit dem Reisessig, einem Spritzer Sojasauce und der Sake abgelöscht. Nun wird der Zucker darüber gestreut. Der fertig gekochte Reis wird auf einen Teller gegeben und das Gemüse wird darüber verteilt. Das Wasabi mit der Sojasauce je nach Geschmack vermischen und über das fertige Gericht träufeln.

Gefüllte Paprika

Zutaten für 8 Portionen:

200 g Reis
8 rote Paprikaschoten
glatte Petersilie
600 g Hackfleisch
2 Lorbeerblätter
250 g Magerquark
2 Dosen geschälte Tomaten
4 EL Tomatenketchup
2 Knoblauchzehen (alternativ Knoblauchpulver)
Salz und Pfeffer
2 Zwiebeln
2 EL Butter (alternativ Margarine)

Zubereitung:

Zuerst wird von den Paprikaschoten ein Deckel abgeschnitten. Die Schoten werden nun entkernt und gewaschen. Nun wird das Hackfleisch mit dem Quark, dem Ketchup und 1 EL Wasser verknetet. Die Mischung wird kräftig mit Salz und Pfeffer gewürzt. Der Hackfleischteig wird in die Paprikaschoten gefüllt. Anschließend werden die Zwiebeln und die Knoblauchzehen geschält und fein gehackt. Jetzt wird das Fett erhitzt und die Paprikaschoten werden darin angedünstet. Danach werden die Zwiebeln und die Knoblauchzehen kurz mit angedünstet. Die Dosentomaten werden inklusive dem Saft hinzugefügt, um das Ganze abzulöschen. Nun werden die Lorbeerblätter und die Petersilie hinzugegeben. Der Deckel wird wieder auf die Paprikaschoten gesetzt. Danach wird alles zugedeckt und für 40 Minuten geschmort. Nach Ablauf der Zeit werden die Paprikaschoten vorsichtig aus der Soße genommen und zur Seite gestellt. Die Soße mit Salz und Pfeffer würzen und eventuell andicken.

Dazu kann Reis serviert werden.

Hähnchenbrust Frikassee

Zutaten für 6 Portionen:

4 EL Créme légere
700 g Hähnchenbrust
2 EL Tiefkühl 8 – Kräuter
600 ml Wasser
2 Beutel Reis
2 gehäufte TL Instant Gemüsebrühe
4 TL Kapern
2 große Tomaten
4 rote eingelegte gegrillte Paprika

Zubereitung:

Die Hähnchenbrust wird in Stücke geschnitten. Die Hähnchenbrust - Stücke mit dem Wasser, den Kräutern und der Gemüsebrühe in einen Topf geben und für 20 Minuten kochen lassen.
In der Zeit werden die Tomaten und die Paprika in kleine Würfel geschnitten. Die Tomaten- und Paprika - Stücke zusammen mit den Kapern und dem Créme légere in den Topf zu der Hähnchenbrust geben und gut verrühren. Nachdem alles für 10 Minuten gekocht hat, die Beutel mit dem Reis aufschneiden und den Reis ebenfalls in den Topf geben. Nun muss das Ganze für weitere 15 Minuten, unter gelegentlichem Umrühren, kochen. Mit der Gemüsebrühe wird alles zum Schluss abgeschmeckt.

Putenbrust - Gemüse - Spieße mit Erbsen - Curry - Reis

Zutaten:

Für die Putenbrust - Gemüse - Spieße:

12 Prisen mildes Currypulver

400 g Putenbrust

12 Prisen bunter Pfeffer aus der Mühle

400 g kleine, braune Champignons

12 Prisen grobes Meersalz aus der Mühle

2 Zwiebeln

4 EL Sonnenblumenöl

2 rote Paprika

12 Schaschlikspieße

400 g frische Ananas

Für den Erbsen - Curry - Reis:

2 TL mildes Currypulver

200 g Basmatireis

100 g Tiefkühl Erbsen

450 ml Wasser

1 TL Salz

Zubereitung:

Für die Putenbrust - Gemüse - Spieße werden die Putenbrüste gewaschen und mit einem Küchenpapier trocken getupft. Danach werden diese in mundgerechte Stücke geschnitten. Nun werden die Champignons geputzt und gebürstet. Die Zwiebeln werden geschält und in Spalten geschnitten dabei diese etwas auseinander montieren. Die Paprikas werden geputzt, gewaschen und in mundgerechte Stücke geschnitten. Nun wird eine dicke Scheibe von der Ananas abgeschnitten. Diese Scheibe wird ebenfalls geputzt und in mundgerechte Stücke geschnitten. Die ganzen Zutaten werden nun abwechselnd auf 6 Schaschlikspieße gefädelt. Diese werden danach in einer beschichteten Pfanne mit 2 EL Sonnenblumenöl und unter mehrmaligem Wenden goldbraun angebraten. Zum Schluss werden die Spieße mit dem groben Meersalz und dem bunten Pfeffer sowie dem milden Currypulver gewürzt.

Für den Erbsen - Curry - Reis wird der Basmatireis in Salzwasser gekocht. Danach wird der Topf verschlossen und der Reis muss auf der kleinsten Stufe für ca. 20 Minuten garen. Danach werden 50 g Erbsen und 1 TL Currypulver hinzugegeben und alles gut miteinander verrührt. Eine Tasse mit kaltem Wasser ausspülen und den fertigen Reis hineinpressen. Danach wird der Reis jeweils auf einen Teller gestürzt. Dazu werden die Puten - Gemüse - Spieße gegeben und das Bratenfett wird auf den Teller geträufelt. Danach kann das fertige Gericht serviert werden.

Hähnchenbrustfilet süß - sauer mit Basmatireis

Zutaten für 4 Portionen:

Korianderblättchen zum Garnieren
400 g Hähnchenbrustinnenfilets
1/2 TL Salz, 1 grüne Paprika
250 ml Wasser, 1 mittelgroße Ananas
100 g Basmatireis, 2 Zwiebeln
1 TL Tapioka Stärke
2 kleine Chilischoten
2 EL brauner Zucker
2 wallnussgroße Stücke Ingwer
2 EL heller Reisessig
2 EL manis Ketchup
2 EL Ketchup
2 EL helle Sojasauce
6 EL passierte Tomaten
2 EL Sherry
4 EL Sonnenblumenöl
2 TL Sesamöl

Zubereitung:

Die Hähnchenbrustfilets werden geputzt, gewaschen und mit Küchenpapier trocken getupft. Die Hähnchenbrustfilets nun in Streifen schneiden. Aus 1 EL Ketchup manis, 1 EL heller Sojasauce, 1 EL Sherry und 1 TL Sesamöl eine Marinade herstellen und die Hähnchenbrustfilets für ca. 2 - 2,5 Stunden darin marinieren.

Ab und zu sollte das Ganze umgerührt werden. Die Ananas wird in der Zwischenzeit geputzt und in Würfel geschnitten. Die Paprika wird ebenfalls geputzt, gewaschen und in kleine Rauten geschnitten. Die Zwiebeln und der Ingwer werden geschält und in feine Würfel geschnitten. Die Chilischoten werden geputzt und die Kerne entfernt. Danach werden die Chilischoten gewaschen und in feine Würfel geschnitten. 1 EL Sonnenblumenöl in einem Wok erhitzen und die marinierten Hähnchenbrustfilets darin anbraten. Danach werden diese an den Wokrand geschoben. 3 EL passierte Tomaten mit 1 EL Ketchup manis, 1 EL hellem Reisessig und 1 EL braunen Zucker verrühren. Nochmals 1 EL Sonnenblumenöl in den Wok geben und die Zwiebel-, Ingwer-, Chilischoten- und Ananaswürfel sowie die Paprikarauten hinzugeben und gut anbraten. Diese nun mit den Hähnchenbrustfilets verrühren und mit der Soße ablöschen. Danach alles für ca. 6 Minuten unter Rühren erwärmen. In etwas kaltem Wasser 1 TL Tapioka Stärke anrühren und in den Wok einrühren. Sobald die Flüssigkeit anfängt anzudicken, den Wok von der Kochstelle nehmen. Nun in 125 ml Wasser und 1/4 TL Salz den Reis einrühren und aufkochen lassen. Danach die Herdplatte abschalten und den Topf mit einem Deckel schließen. Der Reis muss für ca. 20 Minuten gegart. Die fertigen süß - sauren Hähnchenbrustfilets mit dem Basmatireis und den Korianderblättchen garnieren, bevor alles serviert wird.

Bunter Bratreis

Zutaten für 2 Portionen:

2 EL gehackte Kräuter (tiefgekühlt oder frisch)

2 Zwiebeln

Sojasoße

2 TL Olivenöl

Salz und Pfeffer

250 g Schnellkoch – Vollkornreis

300 g rosé Champignons

250 ml Instant Gemüsebrühe

4 kleine Zucchini

4 Lauchzwiebeln

2 rote Paprika

Zubereitung:

Die Zwiebeln werden geschält und gewürfelt. In einer Pfanne das Olivenöl erhitzen und die Zwiebelwürfel darin andünsten. Den Schnellkoch - Vollkornreis hinzugeben und mit anbraten. Das Ganze wird mit der Instant Gemüsebrühe abgelöscht und für ca. 8 Minuten mit geschlossenem Deckel geköchelt. In der Zwischenzeit werden die Lauchzwiebeln, die rote Paprikas, die Zucchinis und die Champignons geputzt und klein geschnitten. Das geschnittene Gemüse wird zu dem Reis gegeben und mit etwas Sojasauce, Salz und Pfeffer gewürzt. Unter Wenden muss das Ganze für ca. 4 Minuten bissfest angebraten werden. Zum Anrichten wird das Gericht mit den gehackten Kräutern bestreut.

Scharfe Gemüsepfanne

Zutaten für 4 Portionen:

150 g Raclette Suisse
200 g Reis
Salz und Pfeffer
2 Zwiebeln
2 kleine Dosen Tomaten
2 TL Öl
2 kleine Chilischoten
4 Zucchini

Zubereitung:

Der Reis wird nach Packungsanweisung zubereitet. Die Zwiebeln werden geschält und in kleine Würfel geschnitten. In einer Pfanne mit etwas Öl die Zwiebelwürfel kräftig anbraten. Die Zucchini werden in der Zwischenzeit gewaschen und ebenfalls in Würfel geschnitten. Die Zucchiniwürfel mit in die Pfanne geben und für 5 Minuten mit anschmoren. Die Chilischoten waschen und fein würfeln. Diese werden zusammen mit den Tomaten in die Pfanne gegeben. Dabei werden die Tomaten mit einem Kochlöffel etwas zerkleinert. Das Ganze muss nun gesalzen und gepfeffert werden. Der Raclette Suisse wird in lange Streifen geschnitten. Die Streifen werden nun gitterartig auf die Gemüsepfanne gelegt. Der Käse muss nun bei geschlossenem Deckel schmelzen. Danach kann die fertige Gemüsepfanne mit dem Reis serviert werden.

Reis - Pilz - Pfanne

Zutaten für 2 Portionen:

Kerbel
2 Zwiebeln
200 g Champignons
4 TL Öl
Schnittlauchröllchen
2 Karotten
2 Frühlingszwiebeln
2 Selleriestangen
200 g Shiitake - Pilze (alternativ frische Champignons)
125 g Reis
1 TL Öl
400 ml Brühe

Zubereitung:

Die Zwiebeln werden geschält und fein gehackt. In etwas Öl werden diese glasig angedünstet. Die Karotten werden geschält und mit den Selleriestangen klein geschnitten. Diese nun mit zu den Zwiebeln geben und mitdünsten. Nun die Shiitake - Pilze putzen, vierteln und mitbraten. Die Frühlingszwiebeln in Ringe schneiden und mit andünsten. Den Reis nach Packungsanweisung in der Brühe kochen. Danach wird das Gemüse unter den Reis gehoben. Zum Servieren das Ganze mit den Schnittlauchröllchen oder Kerbel bestreuen.

Nuss Gemüse aus dem Wok

Zutaten für 2 Portionen:

Pfeffer, 4 Wallnusshälften
Sojasauce, 2 Stangen Lauch
100 g Vollkornreis, 4 Möhren
4 EL Asia – Chilisoße, 150 g Champignons
100 ml Gemüsebrühe, 2 Zwiebeln
2 TL Gemüsebrühe
2 TL Walnussöl

Zubereitung:

Die Walnusshälften werden grob gehackt. Diese anschließend in einem Wok oder in einer Pfanne anrösten, herausnehmen und zur Seite stellen. Die Möhren und die Zwiebeln schälen, die Champignons und den Lauch putzen und alles klein schneiden. Das Walnussöl wird in einem Wok oder in einer Pfanne leicht erhitzen. Nun werden die Möhren und die Zwiebeln darin angedünstet. Danach werden die Champignons und der Lauch hinzugegeben und ebenfalls kurz mit angedünstet. Das Ganze mit der Gemüsebrühe und der Asia - Chilisoße ablöschen. Bei geschlossenem Deckel alles für ca. 3 Minuten köcheln lassen. Den Reis nach Packungsanweisung kochen. Danach wird dieser zu dem Gemüse gemischt und erhitzt. Jetzt wird alles mit Pfeffer und der Sojasauce abgeschmeckt. Zum Schluss die Nüsse darüber geben und servieren.

Reispfanne Hawaii

Zutaten für 2 Portionen:

2 EL Zitronenmelisse
100 g Reis
1 Spritzer Sojasauce (alternativ Tabasco)
2 Zwiebeln
Ananassaft
4 TL Rapsöl
Zitronensaft
2 rote Paprika
200 g Ananasstücke (frisch oder aus der Dose)
100 g Sojasprossen

Zubereitung:

Der Reis wird nach Packungsanweisung gegart. Die Zwiebeln werden geschält und fein gehackt. Anschließend werden diese in Öl angedünstet. Die Paprika werden geputzt und in Würfel geschnitten. Die Sojasprossen werden ebenfalls gewaschen. Die Paprikawürfel und die Sojasprossen zu den Zwiebeln geben. Alles für ca. 3 Minuten unter Rühren garen lassen. Die Ananasstücke hinzufügen und mit dem Ananassaft, dem Zitronensaft und der Sojasauce abschmecken.
Zum Schluss wird das Ganze mit dem gegarten Reis vermischt und der Zitronenmelisse garniert.

Kräuterrisotto mit Zuckerschoten

Zutaten für 2 Portionen:

2 EL geriebener Pecorino
2 Zwiebeln
2 EL Petersilie
2 TL Butter
20 Blatt Rauke
150 g Risottoreis
Salz und Pfeffer
80 ml Weißwein
160 g Champignons
300 ml Instant – Brühe
60 g Zuckerschoten

Zubereitung:

Die Zwiebeln werden geschält und in feine Würfel geschnitten. In einem Topf wird die Hälfte der Butter erhitzt und die Zwiebeln sowie der Reis werden darin angeschwitzt. Das Ganze wird mit dem Weißwein abgelöscht. Nun muss alles köcheln. Sobald der Reis die ganze Flüssigkeit aufgesogen hat, wird nach und nach die heiße Brühe hinzugefügt. Bei milder Hitze muss das Risotto für 20 - 25 Minuten köcheln. Dabei muss alles häufig umgerührt werden.

In der Zwischenzeit werden die Zuckerschoten gewaschen, geputzt und in breite Streifen geschnitten. Die Champignons werden geputzt und in Viertel geschnitten. Die restliche Butter wird in einer Pfanne erhitzt. Darin werden die Champignons und die Zuckerschoten für 3 Minuten angebraten. Diese mit Salz und Pfeffer würzen. Die Rauke wird gewaschen und vorsichtig trocken geschüttelt. Danach wird die Rauke gezupft. Die Petersilie wird klein gehackt. Das Gemüse, der Käse, die Petersilie und die Rauke werden unter den Reis gemischt. Das Gericht kann dann sofort serviert werden.

Gemüse - Reis - Eintopf

Zutaten für 2 Portionen:

4 EL Vollkorn – Schnellkochreis
2 Zwiebeln
2 TL Tomatenmark
150 g Tatar, 600 ml Gemüsebrühe
Salz und Pfeffer
700 g Spitzkohl
2 EL Magerquark
8 Lauchzwiebeln
2 TL Öl

Zubereitung:

Die Zwiebeln werden geschält und in feine Würfel geschnitten. Die Zwiebelwürfel mit dem Tatar, dem Magerquark, Salz und Pfeffer verkneten. Aus dem Teig werden jetzt kleine Bällchen geformt. Die Hackbällchen nun in einer Pfanne mit etwas Öl rundherum braun anbraten. Danach aus der Pfanne nehmen und zur Seite stellen. Die Lauchzwiebeln werden in Ringe geschnitten, der Spitzkohl in breite Streifen. Beides in dem Bratenfett der Hackbällchen andünsten. Alles mit der Gemüsebrühe ablöschen und das Tomatenmark hinzugeben. Nochmals würzen und kurz aufkochen lassen. Den Vollkorn - Schnellkochreis hinzugeben und so lange köcheln lassen, bis der Reis gar ist. Danach werden die Hackbällchen hinzugegeben und nochmals erhitzt. Zum Schluss wird das Ganze noch einmal abgeschmeckt.

Rinderfilet mit Gemüsereis

Zutaten für 2 Portionen:

150 g Rinderfilet
60 g Naturreis
2 TL Olivenöl
200 g Fenchel mit Grün
1 Msp. Knoblauchsalz
2 Möhren
Salz und Pfeffer
4 kleine Tomaten
100 ml Instant Gemüsebrühe

Zubereitung:

Der Naturreis wird nach Packungsanweisung gegart. Der Fenchel wird mit dem Grün, die Möhren und zwei Tomaten gewaschen, geputzt und klein geschnitten. Die Gemüsebrühe wird in einem Topf zubereitet und das geschnittene Gemüse wird darin gar gedünstet. Das Ganze wird mit etwas Knoblauchsalz, Salz und Pfeffer abgeschmeckt. Die restlichen zwei Tomaten werden mit heißem Wasser überbrüht und oben eingeritzt. Diese werden gewürzt und für die Garnitur verwendet. In einer beschichteten Pfanne wird das Olivenöl erhitzt und das Rinderfilet wird darin von allen Seiten angebraten. Das Rinderfilet mit Salz und Pfeffer würzen. Das fertige Rinderfilet wird mit Reis, Gemüse und den Tomaten angerichtet.

Hühnerfrikassee mit viel Gemüse

Zutaten für 1 Person:

2 Stiele Petersilie

100 g Hähnchenfilet

Salz und Pfeffer

250 ml Hühnerbrühe

1/2 Zitrone (Bio)

80 g Möhren

30 g Erbsen (tiefgekühlt)

50 g Porree

80 g Schwarzwurzeln (aus dem Glas)

40 g Champignons

50 g Langkornreis

1 EL Mehl

100 ml Milch (fettarm)

1 TL Halbfettbutter

Zubereitung:

Das Hühnerfleisch wird in der Brühe für ca. 20 Minuten köcheln gelassen. Die Möhren werden in der Zwischenzeit geschält und in Stifte geschnitten. Das Porree wird in Ringe geschnitten und die Pilze werden gesäubert und geviertelt. Das Fleisch wird nach Ablauf der 20 Minuten aus der Brühe genommen und zum Abkühlen zur Seite gestellt.

Nun werden 200 ml Brühe aus dem Topf genommen. Das Mehl wird in dem Fett für 2 - 3 Minuten in einem extra Topf angeschwitzt. Mit den 200 ml Brühe und der Milch wird das Ganze abgelöscht. Das abgekühlte Fleisch wird zerrupft und zusammen mit den Möhren und den Pilzen in die Soße gegeben. Nun muss alles für ca. 10 Minuten köcheln. Der Reis wird nach Packungsanweisung in Salzwasser gekocht.

Die Schwarzwurzeln werden abgetropft und mit den Erbsen zu dem Frikassee gegeben. Von der Zitrone wird die Schale abgeschält und die Zitrone wird ausgepresst. Mit dem Zitronensaft, Salz und Pfeffer wird das Hühnerfrikassee abgeschmeckt. Die Petersilie wird fein gehackt und unter den abgegossenen Reis gerührt. Das fertige Frikassee wird mit dem Reis angerichtet und mit der Zitronenschale garniert.

Reissalat

Zutaten für 1 Person:

40 g saure Sahne
60 g Langkornreis
1 Prise Zucker
Salz und Pfeffer
1 EL Olivenöl
20 g Erdnusskerne
20 ml Essig
60 g Kirschtomaten
1 Knoblauchzehe
1/2 Römersalat

Zubereitung:

Der Reis wird nach Packungsanweisung in Salzwasser gekocht. Die Erdnusskerne werden gehackt und in einer Pfanne ohne Fett geröstet. Die Kirschtomaten werden halbiert und der Römersalat wird in feine Streifen geschnitten. Die Knoblauchzehe wird geschält und fein gehackt. Der Knoblauch wird mit Essig, Zucker, Öl, Salz und Pfeffer vermischt und die saure Sahne wird untergerührt. Das Ganze noch einmal abschmecken. Der fertig gekochte Reis wird mit den Tomaten, dem Salat und den gerösteten Erdnusskernen gemischt. Das Dressing wird untergemischt. Der Salat muss nun ca. 30 Minuten ziehen und kann dann angerichtet werden.

Milchreis mit Kirschen und Mango

Zutaten für 1 Person:

3 EL Vollmilchjoghurt
150 ml Milch
150 g Mango
Salz
50 g Sauerkirchen
50 g Milchreis
1 TL Vanillinzucker

Zubereitung:

Die Milch wird zuerst aufgekocht. Danach werden das Salz und der Milchreis unter Rühren hinzugefügt und nochmals aufgekocht. Den Milchreis danach zudecken und für ca. 30 Minuten quellen lassen. Danach wird der Zucker hinzugegeben.

Der fertige Milchreis wird aus dem Topf genommen und abgekühlt. Danach wird dieser über Nacht in den Kühlschrank gestellt. Die Kirschen werden entsteint und die Mango wird geschält. Anschließend die Mango in Scheiben schneiden. Aus den Mangos mithilfe eines Ausstechers Blumen ausstechen. Das übrig gebliebene Mangofruchtfleisch wird in Würfel geschnitten. Der abgekühlte Milchreis wird mit dem Joghurt vermischt. Nun kann der Milchreis mit den Kirschen und den Mangowürfeln in einem hohen Gefäß angerichtet werden. Das Ganze wird mit den Mangoblumen verziert.

Risotto mit Garnelen

Zutaten für 1 Person:

40 g Erbsen (tiefgekühlt)
1/4 Zwiebel
1 Bund Basilikum
1/2 Knoblauchzehe
60 g Feigen
1/2 TL Butter
Salz und Pfeffer
50 g Risotto – Reis
1 TL Olivenöl
125 ml Gemüsebrühe
50 g Garnelen

Zubereitung:

Die Zwiebeln und die Knoblauchzehe werden geschält und in kleine Würfel geschnitten. Die Butter in einem Topf schmelzen lassen und die Zwiebel- und Knoblauchwürfel darin andünsten. Danach wird der Reis hinzugefügt und mit angedünstet. Alles würzen und nach und nach die Brühe hinzugießen. Das Ganze muss nun öfters umgerührt werden. Sobald der Reis die Flüssigkeit aufgenommen hat, muss neue Flüssigkeit hinzugefügt werden. Der Reis muss insgesamt 30 - 35 Minuten garen.

Die Garnelen werden, bis auf die Schwanzflossen, geschält und der Darm wird entfernt. Die Garnelen werden in Öl für 3 - 4 Minuten angebraten und gewürzt. Die Feigen werden in Spalten geschnitten und der Basilikum wird gehackt. Die Erbsen werden ca. 5 Minuten bevor der Risotto fertig gegart ist untergerührt. Danach wird das Basilikum hinzugegeben und nochmals gewürzt. Zum Schluss werden die Feigen untergehoben. Das fertige Risotto mit den Garnelen anrichten.

Gemüsepfanne mit Hähnchen

Zutaten für 1 Person:

1 EL Chilisoße süßsauer

25 g Naturreis

1 TL Öl

Salz und Pfeffer

1 Hähnchenfilet (ca. 120 g)

1 rote Zwiebel

8 g frischer Ingwer

150 g Ananas

1/2 kleine Dose Mais

1/2 Paprikaschote

Zubereitung:

Der Reis wird in Salzwasser nach Packungsanweisung gekocht. Die Zwiebeln werden in der Zwischenzeit geschält und in Spalten geschnitten. Die Ananas sowie die Paprika werden in Würfel geschnitten. Der Mais wird abgegossen und abtropfen gelassen. Der Ingwer wird fein gehackt.

Sobald der Reis fertig gekocht ist, wird dieser abgegossen. Das Fleisch wird gewürzt und in einer Pfanne mit Öl für 4 - 5 Minuten von jeder Seite angebraten. Danach wird das Fleisch aus der Pfanne genommen und warm gestellt. In dem Bratenfett werden nun die Zwiebeln und Paprikawürfel für ca. 3 Minuten angebraten. Danach werden die Ananaswürfel und der Ingwer hinzugegeben. Alles nochmals für 2 - 3 Minuten anbraten lassen.

Jetzt werden der Reis und der Mais hinzugegeben. Das Ganze kurz mit anbraten und mit der Chilisoße abschmecken. Das warm gestellte Fleisch wird aufgeschnitten und zurück in die Pfanne gegeben. Alles nochmals erwärmen und danach servieren.

Hühnersuppe mit Reis

Zutaten für 1 Person:

1 TL Hühnerbrühe Instant
1/2 Tomate
Salz und Pfeffer
1/2 Zwiebel
40 g Basmatireis
100 g Möhren
50 g Erbsen (tiefgekühlt)
1 TL Öl
1/4 Bund Petersilie
1 Gewürznelke
3 Lauchzwiebeln
1/2 TL schwarzer Pfeffer
50 g Zuckerschoten
150 g Hähnchenfleisch
1 Lorbeerblatt

Zubereitung:

Die Zwiebeln werden geschält und zusammen mit den Tomaten geviertelt. 40 g der Möhren werden klein geschnitten. Die Zwiebeln werden in Öl angeröstet und mit ca. 400 ml Wasser abgelöscht. Danach kommen die klein geschnittenen Möhren, die Tomaten, das Lorbeerblatt, die Nelke und Pfeffer sowie 1 gehäufter TL Salz hinzu. Das Ganze muss nun aufkochen. Jetzt wird das Fleisch hinzugefügt und für weitere 45 Minuten köcheln gelassen.

Die restlichen Möhren werden in Scheiben geschnitten. Die Zuckerschoten werden halbiert und die Lauchzwiebeln werden in Ringe geschnitten. Die Petersilie wird gehackt.

Nach Ablauf der 45 Minuten wird das Fleisch herausgeholt. Die Brühe wird durch ein Sieb abgegossen und aufgefangen. Danach kann die Suppe zurück in den Topf gegeben werden. Nun werden das Gemüse und die Erbsen hinzugefügt und noch mal für 10 Minuten köcheln gelassen. Der Reis wird in der Zeit gekocht.

Das Fleisch wird in mundgerechte Stücke geschnitten und zurück in die Suppe gegeben. Die Suppe abschmecken und zusammen mit dem Reis anrichten. Vor dem Servieren wird die Suppe mit der Petersilie garniert.

Asiagemüse mit Geschnetzeltem

Zutaten für 1 Person:

Chilipulver
1/4 Zwiebel
Koriander
1/2 Paprikaschote
1/2 TL Speisestärke
50 g Mungobohnensprossen
1 - 2 EL Sojasauce
60 g Zuckerschoten
150 ml Gemüsebrühe
1/2 rote Chilischote
50 g Basmatireis
1/2 Knoblauchzehe
Salz und Pfeffer
150 g Schweineschnitzel

Zubereitung:

Die Zwiebel wird geschält und in Würfel geschnitten. Die Paprika wird in Streifen geschnitten und die Sprossen werden abgespült. Die Zuckerschoten werden halbiert und der Chili sowie der Knoblauch werden gehackt.

Das Fleisch wird in Streifen geschnitten und in 1 EL Öl angebraten. Danach wird das Fleisch gewürzt und wieder aus der Pfanne genommen. In 1 EL Öl werden nun die Zwiebeln, die Paprika, die Zuckerschoten und der Knoblauch angebraten. Das Chili wird hinzugefügt und das Ganze wird gewürzt.

Der Reis wird nach Packungsanweisung gekocht. In der Zeit wird das Gemüse mit der Brühe und der Sojasauce abgelöscht und die Sprossen werden hinzugefügt. Das Ganze nun aufkochen und für weitere 2 - 3 Minuten köcheln lassen. Die Stärke wird mit 1 - 2 EL Wasser glatt gerührt. Das Fleisch wird wieder dazugegeben und die glatt gerührte Stärke wird in die noch kochende Flüssigkeit eingerührt. Das Ganze nun noch einmal aufkochen und für ca. 1 Minute köcheln lassen. Das Gericht mit dem Reis anrichten und mit Chili und Koriander garnieren, bevor dieses serviert wird.

Ananas - Kokos - Milchreis

Zutaten für 4 Portionen:

2 EL Zucker
125 g Milchreis
2 EL Kokosraspeln
500 ml Milch
1 Dose Ananas in Stücken

Zubereitung:

Die Milch wird in einem Topf erhitzt und der Milchreis wird eingerührt. Bei schwacher Hitze wird der Milchreis nun unter Rühren so lange köcheln gelassen, bis die gesamte Milch aufgenommen wurde. Die Ananasstücke werden in der Zeit abgetropft.
Nun wird die Herdplatte ausgestellt und die Ananasstücke sowie die Kokosraspeln werden unter den Milchreis gehoben.
Das Ganze wird jetzt mit dem Zucker abgeschmeckt.
Danach kann der Milchreis serviert werden.

Hähnchengeschnetzeltes süß scharf

Zutaten für 2 Portionen:

Reis oder Nudeln

300 g Hähnchenbrustfilet

1 TL rosenscharfes Paprikapulver

1/2 EL Öl

150 ml Gemüsebrühe

200 g tiefgefrorene Erbsen

Salz und Pfeffer

150 g Pfirsiche aus der Dose

1 TL Currypulver

1/2 TL Mehl

1 EL Créme légere

2 Zwiebeln

Zubereitung:

Die Hähnchenbrustfilets werden in Würfel geschnitten. Die Zwiebeln werden geschält und ebenfalls in Würfel geschnitten. Die Pfirsiche abgießen und den Saft auffangen. Die Pfirsiche werden in Würfel geschnitten.

In einer Pfanne Öl erhitzen und die Hähnchenbrustfilets darin scharf anbraten. Diese werden mit Salz und Pfeffer gewürzt. Danach die Hähnchenbrustfilets aus der Pfanne nehmen und zur Seite stellen.

Die Zwiebeln werden in derselben Pfanne angedünstet und mit Currypulver sowie Mehl bestreut. Mit der Gemüsebrühe und dem aufgefangenen Pfirsichsaft ablöschen. Jetzt werden die Erbsen mit in die Pfanne gegeben und für 5 Minuten alles köcheln lassen. Nun werden die Pfirsich - Würfel und die Hähnchenbrustfilets hinzugefügt. Mit dem Créme légere wird das Ganze verfeinert. Zum Schluss wird alles mit Chilipulver, Paprikapulver, Currypulver, Salz und Pfeffer abgeschmeckt. Das Gericht mit Reis servieren.

Gemüse Reispfanne mit Thunfisch

Zutaten für 4 Portionen:

Salz und Pfeffer

1 Beutel Reis

getrockneter und gemahlener Chili

1 mittelgroße rote Paprikaschote (alternativ Tomaten aus dem Glas)

Paprikapulver, edelsüß

1 kleine Dose Mais

2 EL Ketchup

1 Dose Thunfisch in Sonnenblumenöl

1 Becher Créme Legere

1 Stange Porree

1 Knoblauchzehe

1 kleine Zucchini

1 Stange Lauchzwiebeln

Zubereitung:

Den Reis nach Packungsanweisung kochen. In der Zeit wird das Gemüse gewaschen und klein geschnitten. Der Mais wird abtropfen gelassen und der Thunfisch zerkleinert. Das Öl in der Thunfisch - Dose wird aufgefangen.

In einer hohen Pfanne das Öl geben und den Thunfisch darin anbraten. Nun den Porree, den Knoblauch, den Lauch und die Zucchini hinzugeben und gut verrühren. Alles unter Rühren gut anbraten. Bevor das Ganze zu bräunlich wird, wird die Paprika hinzugegeben. Die Paprika wird kurz mit angebraten. Den fertig gekochten Reis abtropfen lassen und ebenfalls mit in die Pfanne geben. Alles mit Chili, Paprikapulver, Salz und Pfeffer würzen und abschmecken.

Zum Schluss kommt das Créme Legere und der Ketchup hinzu. Das Ganze so lange umrühren, bis eine cremige Konsistenz entsteht.

BONUS

Ich habe mich gefragt, wie kann ich Ihnen helfen noch besser, leckerer und gesünder zu kochen? Wie kann ich behilfreich sein ihre Ziele erfolgreich umzusetzen?

Die Antwort ist so simpel wie genial und sie lautet:
Werden Sie zum Kochprofi!

Ich schenke Ihnen mein Ebook *„101 Tipps Kochen wie ein Profi"*.

Geniale Tricks von Profis für Sie!

Worauf können Sie sich freuen?
- Richtig Grillen
- Der perfekte Braten
- Die passende Sauce
- Umgang mit Obst und Gemüse
- Richtig Kochen mit Reis, Nudeln, Kartoffeln...
- Geheime Tipps (die Sie bestimmt noch nie gehört haben)
- Backen wie die Oma
- Essen verbrannt, was nun?

Alles was Sie tun müssen, mir eine Email schreiben mit dem Betreff: **Ja, ich will das Gratis Ebook!**

Email- Adresse lautet:
Ebook-Gratis@gmx.de

Ihre Email-Adresse wird weder gespeichert, noch in irgendeiner anderen Form weitergegeben. Sie erhalten keine weiteren Emails. Dies ist ein kostenloses Geschenk für meine Leser und beinhaltet lediglich ein Ebook als PDF Version.

Quellenangabe:

- eigene Versuche und Experimente von Familie und Freunden

Internetquellen:
http://docplayer.org/81679210-Gefluegel-glutenfrei-es-sind-gesammelte-rezepte-teils-noch-nicht-probiert.html
https://docplayer.org/45515702-Gefluegel-glutenfrei-ohne-ei-ohne-kuhmilch.html
http://www.praxis-gesenhues.de/de/schwerpunkte/ernaehrungsmedizin/medissimo_rezeptecke.php
http://www.heiner-koenig.de/kochbuch/FISCHXEF.DOC
https://epdf.tips/schmeckt-nicht-gibts-nicht-183-rezepte-2.html

Fotoquellen:
- Depositphotos.com

Kontakt: Tatjana W. Dobi
c/o Autoren.Services
Zerrespfad 9
53332 Bornheim
Covergestaltung: Tatjana W. Dobi
Coverfoto: Depositphotos.com
Fotos im Buch: Depositphotos.com, pixabay.com
Taschenbuch wird gedruckt bei: Amazon Media EU S.á r.l., 5 Rue Plaetis, L- 2338, Luxembourg